Mascha Schacht

Garten Basics

Gärtnern für Anfänger

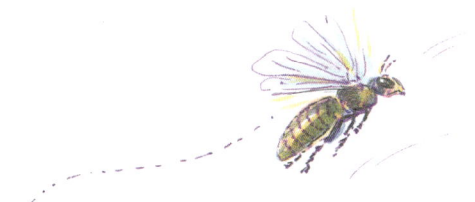

Garten Basics

Gärtnern für Anfänger

Mascha Schacht

INHALT

3, 2, 1 ... gärtnern!   06

* Gärtnern? Wer macht denn so was!   08
* Für einen super Start:
  Machen Sie Boden gut   10
* Wasser marsch: Richtig gießen   12
* Dünger: Kraftstoff für Pflanzenpower   14
* Schritt für Schritt: Komposter anlegen   16
* Grundausstattung für (Stadt-)Gärtner   18

Frühling   20

* Achtung, fertig – gärtnern!   22
* Vorkultur: Willkommen im
  Pflanzenkindergarten   24
* Schritt für Schritt: Aussaat drinnen   26
* Beet vorbereiten: Ab nach draußen!   28
* Schritt für Schritt: Jetzt pflanzen!   30
* Best of Gemüse – die gelingen immer   32
* Top(f)fit fürs Topfgärtnern   34
* Schritt für Schritt: Alles im Kasten   36
* Best of Sommerblumen –
  die gelingen immer   38
* Stauden: Blütenpracht für viele Jahre   40
* Best of Stauden – die gelingen immer   42
* Rasen-Report   44
* Schritt für Schritt zum neuen Rasen   46
* Tipps für Greenkeeper   48
* Gut in Form: Heckenschnitt   50
* *Reportage: Grünpatenschaften –
  Guerilla-Gardening 2.0*   52

Sommer   54

* Achtung, fertig – gärtnern!   56
* Hemmungsloser Blütenspaß   58
* Sichtschutz:
  Willkommen im V.I.P.-Bereich   60
* Best of Kletterpflanzen –
  die gelingen immer   62
* Pflege lohnt: Objekt in voller Blüte   64
* Bewässerung:
  Tropfen für Tropfen zum Erfolg   68
* Düngen: Futter für Vielfraße   70
* Full Power im Gemüsegarten   72
* Hoch lebe das Hochbeet   76
* Best of Gemüse – die gelingen immer   78
* Memory: Alte Gemüsearten
  neu entdeckt   80
* Echt dufte: Aromatische Kräuter   82
* Best of Kräuter – die gelingen immer   84
* Beerenobst: Freche Früchtchen   86
* Best of Beeren – die gelingen immer   88
* Großputz im Kirschbaum   90
* *Interview: Land to rent –
  Gärtnern wie die Großen*   92

Herbst 94

* Achtung, fertig – gärtnern! 96
* Beet leer – was jetzt? 98
* Erntefest im Obstgarten 100
* Best of Obstgehölze –
  die gelingen immer 102
* Memory: Alte Obstarten neu entdeckt 104
* Jetzt ist Pflanzzeit für Gehölze! 106
* Schritt für Schritt: Gehölze pflanzen 108
* Best of Ziergehölze –
  die gelingen immer 110
* Gar nicht zum Heulen: Zwiebelblumen 112
* Schritt für Schritt: Zwiebeln setzen 114
* Best of Zwiebelblumen –
  die gelingen immer 116
* Das große Aufräumen 118
* Schritt für Schritt:
  Kübelpflanzen einpacken 120
* *Interview: Schrebergarten –
  von wegen nur für Spießer!* 122

Pflanzen-Doc 140

* Mischkultur: Multikulti im Beet 142
* Krankheiten: Kriegen Pflanzen Fieber? 144
* Fiese Viecher: Schädlinge im Garten 146
* Nützlinge: Tierisch nette Helfer 148
* Platzverweis für lästige Beikräuter 150

* Aussaat- und Pflanzkalender 152
* Adressen und Literatur 158
* Register 160
* Impressum 164

Winter 124

* Achtung, fertig – gärtnern! 126
* Willkommen im Winter-Garten! 128
* Gut in Form: Obstgehölze schneiden 130
* So blüht Ihnen was:
  Ziergehölze schneiden 132
* Winterzeit: Zeit zum Planen 134
* Gestaltung: Beete zum Anbeten 136
* *Reportage: With a little
  help from my friends* 138

Diese Symbole geben an, ob es bei den einzelnen Themen um allgemeine Gartenarbeiten, Gemüse & Co. oder Zierpflanzen geht (→ Seite 9):

🌱 allgemeine Gartenarbeit
🎃 Küchengarten
🌺 Ziergarten

3, 2, 1 … GÄRTNERN!

DIE PFLANZE, DAS UNBEKANNTE WESEN? ALLES **HALB SO WILD**, PFLANZEN UND MENSCHEN SIND SICH IN VIELEN PUNKTEN ÄHNLICHER, ALS MAN VIELLEICHT MEINT. MIT EIN PAAR GRUNDLEGENDEN **INFOS UND GERÄTSCHAFTEN** AUSGERÜSTET STEHT DER KARRIERE ALS **PFLANZENFLÜSTERER** DAHER SCHON BALD NICHTS MEHR IM WEG.

Gärtnern? Wer macht denn so was!

Was bringt Menschen dazu, in der Erde herumzuwühlen und mit ihren Gemüsepflanzen zu sprechen, wenn es Gurken für 60 Cent im Supermarkt gibt? Ganz einfach: Es macht riesig Spaß!

Die Sonne strahlt vom knallblauen Himmel, in der Luft liegt der würzige Duft von Rosmarin und Thymian, und zwischen Töpfen und Kübeln mit bunten Sommerblumen summen Bienen von Blüte zu Blüte. Das Herzblatt ist gerade dabei, die Tomaten aufzubinden, während man selbst herrlich träge unterm Sonnenschirm sitzt und frisch geerntete Erd-

beeren nascht – das Leben kann so schön sein ... Achtung, wenn Sie schon bei der Beschreibung dieser Szene ein intensives Gefühl von Habenwollen verspüren und am liebsten gleich zu Schaufel und Gießkanne greifen würden, dann sollten Sie die Konsequenzen kennen, die die Lektüre dieses Buches haben kann.

Allein als Fahrradparkplatz ist der Hof viel zu schade: Mit ein paar Blumen sieht er gleich viel freundlicher aus.

Gärtnern steckt an

Mit jeder Seite steigt das Risiko, dass Sie das Gartenfieber erwischt, ein hochansteckendes Virus, das zunehmend grassiert. Verlässliche Symptome sind: plötzliche Nervosität beim Anblick eines Gartencenters, Partygespräche über die besten Zucchinisorten und ein überschwängliches Glücksgefühl beim Genuss der ersten, noch sonnenwarmen Cocktailtomaten. Im fortgeschrittenen Stadium kann bisweilen eine Grünfärbung der Daumen beobachtet werden. Gartenfieber ist unheilbar, aber harmlos, es wird daher empfohlen, dem Drang nach mehr Natur in der Stadt und unbehandelten Früchten unbedingt nachzugeben.

Das Beste dabei: Gärtnern kann man überall, ob auf dem Balkon oder im Hinterhof, im Schrebergarten oder auf einem gepachteten Stück Feld, auf der Dachterrasse oder im Gemeinschaftsgarten. Die einzige Regel lautet:

Langeweile war gestern, anstelle von Rasen verschönern schon bald bunte Blumen das Stadtbild, und selbst gezogenes Gemüse verführt zum Naschen.

Es soll Spaß machen! Den perfekten Garten gibt es ohnehin nicht, dafür sind die Geschmäcker viel zu verschieden. Warum sich also unnötig stressen?

Apropos Stress, in vielen Dingen sind sich Pflanzen und Menschen gar nicht so unähnlich: Um in guter Verfassung zu bleiben, müssen sie regelmäßig etwas trinken und ein bisschen Futter zwischen die Zähne bekommen – Pardon, im Fall der Pflanzen natürlich an die Wurzeln, denn über die ernähren sie sich schließlich. Außerdem hat jedes Gewächs, egal ob menschlich oder pflanzlich, einen bestimmten Temperaturbereich, in dem es sich besonders wohlfühlt, und einen Lieblingsplatz. Pflanzenarten, die ursprünglich aus südlichen Ländern stammen, mögen es warm und holen sich an kalten, feuchten Plätzen rasch einen Schnupfen. Andere Arten sind Waldbewohner und halten sich am liebsten in schattigeren Bereichen auf, bei zu viel Sonne bekommen sie einen

Sonnenbrand und sind beleidigt. Wer also beim Gärtner gezielt nach Pflanzen fragt, die sich zum Beispiel im schattigen Hinterhof wohlfühlen, hat damit schon die halbe Miete. Überhaupt werden Sie erstaunt sein, wie weit man schon mit einem Minimum an Grundwissen kommt, also am besten gar nicht lange grübeln, sondern einfach mal loslegen. Nach diesem Prinzip ist auch das Buch aufgebaut: Am Anfang stehen die wichtigsten allgemeinen Tipps für Gartenfrischlinge – und dann geht's auch schon sofort mitten rein ins Gartenjahr. Anhand der Symbole rechts oben auf den Seiten erkennt man auf den ersten Blick, ob gerade Gemüse & Co. 🎃, Zierpflanzen 🍀 oder allgemeine Arbeiten 🌱 im Mittelpunkt stehen. Und weil alles viel mehr Spaß macht, wenn sich schnell die ersten Erfolgserlebnisse einstellen, sind viele kleine Projekte eingestreut, die sich ohne großen Aufwand umsetzen lassen. Worauf warten Sie noch? Go green!

Für einen super Start: Machen Sie Boden gut

Die Erde, die es zu beackern gilt, kann man sich nicht immer aussuchen. Dennoch können Sie einiges dazu beitragen, dass es auch auf angeblichen „Problemböden" üppig grünt und blüht.

> Schwere Böden grabe ich immer im Herbst um:
> Im Winter gefriert das in der Erde enthaltene Wasser und sprengt die verdichteten Schollen. Danke Väterchen Frost.

Stellen Sie sich vor, Sie müssten Ihr ganzes Leben in einer Wohnung mit Wasserschaden oder mit nahezu leerem Kühlschrank verbringen – keine schöne Vorstellung, oder? Was dem Menschen die Wohnung ist der Pflanze das umgebende Erdreich: Hier finden ihre Wurzeln Halt und hoffentlich genau das richtige Maß an Feuchtigkeit und Nährstoffen. Die gute Nachricht: „Den guten Boden" an und für sich gibt es genau genommen gar nicht, wichtig ist, dass die Pflanzen zu den Bedingungen passen, die in Ihrem Garten vorherrschen.

Mit einer Grabegabel kann man selbst verdichteten Boden gut lockern.

Spezialisten gesucht

Sehr sandiger Boden etwa (Bodenbestimmung → Kasten) wird häufig als Problemboden bezeichnet: Wasser versickert hier so schnell, dass manche Pflanze den Regenschauer noch gar nicht richtig mitbekommen hat, da ist das kostbare Nass schon wieder weg. Auch was die Nährstoffversorgung angeht, sind sie nicht gerade ein Schlemmerparadies. Königskerzen, Akelei, allerlei Wurzelgemüse und mediterrane Kräuter freuen sich allerdings über „leichte" Böden, denn hier gibt es nie Staunässe, die die Wurzeln zum Abfaulen bringen könnte.

Schwere Lehmböden sind das genaue Gegenteil: Die Erde ist hier wie ein Schwamm, der Wasser und Nährstoffe sehr gut speichert – dafür sind aber der Wasserabzug und die Durchlüftung des Bodens oft sehr schlecht. Zum Glück gibt es auch hierfür Spezialisten, die damit sehr gut klarkommen, Rosen und Flieder zum Beispiel. Kartoffeln, Lauch und Buschbohnen hinterlassen den Boden sogar feinkrümeliger, als er vorher war – ein netter Zug, oder?

Fein raus sind die Topfgärtner: Sie können sich ihre Erde selber mixen oder schon fertig kaufen. Diese Variante bietet sich natürlich auch für Gartenbesitzer an: Wen der Boden zu sehr nervt, der steigt einfach auf Hochbeete und Kübel um.

Schnell gemacht

BODEN TESTEN UND VERBESSERN:

1. Bodenart bestimmen

Versuchen Sie, aus einer Handvoll Erde erst eine Kugel und dann eine dünne Rolle zu formen. Wem die Erde schon beim Aufnehmen durch die Finger rinnt, der sitzt auf einem riesigen Sandkasten. Lässt sich problemlos eine glänzende Rolle formen, haben Sie Lehmboden erwischt (→ Foto 1). Besonders freuen können Sie sich, wenn die Rolle einen mürben Eindruck macht, denn das deutet auf die goldene Mitte hin: Auf sandigem Lehmboden oder lehmigem Sandboden (der Unterschied liegt in der Mischung) fühlen sich besonders viele Gartenpflanzen wohl.

2. Pimp my Boden

Doch auch Sand- und Lehmboden kann man ein Stück weit in Richtung Optimalboden trimmen: Bei sandigen Böden lautet das Zauberwort „Kompost", denn er verbessert die Bodenstruktur und das Speichervermögen für Wasser und Nährstoffe. Übrigens: In vielen Städten bekommt man ihn übers Garten- oder Grünflächenamt besonders günstig. Kompost gleichmäßig auf dem Beet verteilen (hier gilt tatsächlich: je mehr, desto besser, ein paar Schubkarren sollten es auf einem großen Beet schon sein), einharken, fertig. Auch bei schweren Böden wirkt Kompost wahre Wunder. Am besten graben Sie im Herbst den Boden spatentief um (→ Tipp) und arbeiten dann im Frühjahr Kompost und jede Menge Sand ein – in einem großen Beet dürfen Sie dabei ruhig den Inhalt eines kleinen Sandkastens versenken. Für alle Bodenarten gilt: Im Frühjahr wird jedes Beet einmal gründlich mit der Hacke bearbeitet und die feinkrümelige Erde anschließend mit einer Harke glatt gezogen.

Wasser marsch: Richtig gießen

„Ein Schlückchen in Ehren kann niemand verwehren", heißt es so schön. Ein ordentlicher Schluck Gänsewein ist durstigen Pflanzen dabei am liebsten. Wir zeigen, wie's geht. In diesem Sinne: Prost!

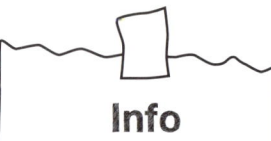

Info

Eine Regentonne ist schnell aufgestellt und liefert hochwertiges Gießwasser zum Nulltarif. Eine Abdeckung beugt einer Mückeninvasion vor.

Ohne Wasser läuft nix im Garten, schließlich wird es nicht umsonst Elixier des Lebens genannt. Seinen Pflanzen wie auch Umwelt und Geldbeutel zuliebe sollte man allerdings nicht einfach drauflosgießen, sondern überlegt vorgehen, damit das kostbare Nass auch wirklich seinen Zweck erfüllt. Eine goldene Regel lautet: Nicht kleckern, klotzen! Wer jeden Tag nur ein bisschen gießt, verschwendet unnötig Zeit und Wasser, denn das kostbare Nass benetzt in diesem Fall nur die Erdoberfläche. Die tieferen Bodenschichten hingegen bleiben trocken, sodass die Pflanzen, wenn es dumm läuft, trotz aller Bemühungen verdursten. Greifen Sie daher besser nur alle zwei bis drei Tage zu Gießkanne oder Gartenschlauch, und wässern Sie dann durchdringend. Wer sich den Luxus einer intakten Rasenfläche gönnen möchte, sollte sich einen Rasensprenger zulegen und ihn im Sommer bei Trockenheit zwei- bis dreimal in der Woche mindestens 30 Minuten am Stück laufen lassen.

Wann ist Regenzeit?

Oft fällt einem ein, dass man mal wieder gießen müsste, wenn einem gerade selbst die Zunge am Gaumen klebt, weil es so heiß ist. Zu gießen, während die Sonne unerbittlich vom Himmel brennt, ist aber in etwa so

effektiv wie der Versuch, sich fünf Minuten vor der verbimmelten Französisch Klausur noch schnell die Vokabeln des letzten Halbjahres in den Kopf prügeln zu wollen: Ein Großteil des Gießwassers würde noch an der Erdoberfläche verdunsten. Zudem bündeln Wassertropfen auf Blüten und Blättern die Sonnenstrahlen ähnlich einer Lupe und können dadurch fiesen Sonnenbrand verursachen (→ Foto rechts). Am effektivsten wirken

Nicht nur im Garten, auch im Hinterhof können Sie Regenwasser sammeln.

Am besten direkt in den Wurzelbereich gießen, ohne die Pflanzen zu benetzen.

Wassertropfen auf Blättern und Blüten sehen hübsch aus, wirken jedoch wie kleine Brenngläser.

die Wassergaben, wenn Luft und Boden abgekühlt und die Verdunstungsverluste entsprechend gering sind. Der beste Gießzeitpunkt sei nur der Form halber genannt, denn er liegt etwa um vier Uhr in der Früh und ist damit in höchstem Maße indiskutabel. Der einzig humane Weg, ihn dennoch zu nutzen, sind Bewässerungscomputer mit Zeitschaltuhr, die auch im Urlaub gute Dienste leisten können (→ Seite 69), aber keineswegs lebensnotwendig sind. Der realistischste Gießzeitpunkt liegt damit am Abend, und zwar je später, desto besser.

Ob man zum Gießen eine Gießkanne oder einen Gartenschlauch bevorzugt, hängt in erster Linie von der Anzahl der zu gießenden Pflanzen beziehungsweise der Größe der Fläche ab: Wer lediglich zwei Tomatenpflanzen zu versorgen hat, der kann theoretisch sogar seine alte Wasserpistole wieder hervorkramen, für einen Balkon oder ein Minibeet vor der Haustür genügt in der Regel noch eine Gießkanne, aber schon bei gut mit Pflanzen ausstaffierten Hinterhöfen oder Dachterrassen wird man die Vorzüge eines Gartenschlauchs rasch schätzen lernen – es sei denn, der Bizeps benötigt mal ein paar Trainingseinheiten. Übrigens: Selbst auf einem Balkon oder einer Dachterrasse ohne Wasseranschluss müssen Sie auf den Gartenschlauch nicht verzichten, es gibt Adapter, die auf Indoor-Wasserhähne passen.

Dünger: Kraftstoff für Pflanzenpower

Was frühstückt eine Tomate? Wie oft hat sie Hunger? Und warum muss überhaupt gedüngt werden? Fragen über Fragen, auf die es zum Glück einfache Antworten gibt.

> Hochwertiger Blumenerde sind in der Regel bereits Düngeperlen beigemischt. Daher können Sie sich in den ersten vier bis acht Wochen das Düngen sparen.

Ist Düngen wirklich nötig oder am Ende doch nur Geschäftemacherei? Die Frage hat ihre Berechtigung, schließlich geht in der Natur auch niemand mit einer Packung Dünger von Baum zu Baum. Allerdings greift dort auch niemand in den Kreislauf ein, den sich die Natur so trefflich ausgedacht hat: Wenn Blätter, Blüten und Früchte zu Boden fallen und verrotten, werden alle enthaltenen Nährstoffe frei und stehen für die nächste Saison erneut zur Verfügung. Erntet man aber Obst und Gemüse, schneidet Blumen oder recht Laub zusammen, entsteht ein Minusbetrag in der Kreislaufbilanz – und den gilt es, durch Düngen auszugleichen.

Wie oft gedüngt werden muss, hängt ganz vom Appetit der Pflanzen ab, und der ist je nach Jahreszeit und Art zum Teil sehr unterschiedlich. Am meisten Nährstoffe benötigen alle Pflanzen im Frühjahr, wenn Blätter und Blüten erst wieder neu gebildet werden müssen. Das kostet Kraft, deshalb ist im März/April ein guter Zeitpunkt zum Düngen. Als Pflanzenfutter eignet sich Kompost besonders gut (→ Seite 16), weil er seine Nährstoffe über einen längeren Zeitraum hinweg an die grünen Mitbewohner abgibt. Ein paar Handvoll Kompost im Frühjahr genügen den meisten Stauden und Sommerblumen sowie vielen Gemüsearten für die ganze Saison. Als Faustregel gilt: Verwenden Sie 2 Liter Kompost pro Quadratmeter im Ziergarten und 3 Liter für Rosen sowie im Gemüsegarten. Besonders hungrige Stauden wie Rittersporn und Phlox erhalten zusätzlich 40 g Hornspäne pro Quadratmeter.

Extra-Kick für Vielfraße

Topfgärtner müssen meist etwas mehr düngen, da die Pflanzen auf weniger Nährstoffdepots in der Erde zugreifen können. Weil es gerade bei kleineren Pflanzgefäßen meist schwierig ist, Kompost einzuarbeiten, gibt es eine bequeme Alternative: Langzeitdünger. Dieser mineralische Dünger kann in Form von Granulat beim Pflanzen in die Blumenerde gemischt werden, es gibt ihn aber auch als praktische Stäbchen oder Düngekegel (→ Foto rechts), die zu Saisonbeginn einfach in die Erde gesteckt werden (die Menge richtet

Kompost ist ein wertvoller Dünger und verbessert die Bodenstruktur.

sich stets nach der Topfgröße und ist auf der Packung angegeben).

Für die Vielfraße unter den Topfpflanzen ist mineralischer Flüssigdünger am besten geeignet: Einige Gemüsearten wie Tomaten oder Zucchini, aber auch beliebte Kübelpflanzen wie der Oleander und einjährige Sommerblumen wie die Petunien freuen sich, wenn Sie ihnen zweimal pro Woche Flüssigdünger ins Gießwasser mischen (→ Tipp). Übrigens: Das Hantieren mit fünf verschiedenen Düngersorten können Sie sich sparen, ein gewöhnlicher Balkonpflanzendünger genügt für Gemüse und Zierpflanzen völlig. Ausnahme: Für Zitruspflanzen und Moorbeetpflanzen wie Hortensien lohnt sich die Anschaffung eines Spezialdüngers.

Langzeitdünger gibt es als Düngeperlen, als Kegel und in Stäbchenform.

Wer keinen eigenen Komposter hat, kann Kompost bereits fertig kaufen.

Zitruspflanzen benötigen besonders viel Eisen, um sich gut zu entwickeln. Für sie ist daher ein Spezialdünger sinnvoll.

Schritt für Schritt: Komposter anlegen

Kompostieren ist längst nicht nur etwas für Hardcore-Ökos – und obendrein ganz einfach. Einmal aufgebaut, schluckt der Komposter Gartenabfälle en masse und verwandelt sie in fruchtbaren Humus.

WAS SIE FÜR DIE MISSION „SCHWARZES GOLD" BRAUCHEN:

Komposter-Set, z.B. aus Holz — **Spaten mit scharfem Blatt** — **zerkleinerte Äste, Zweige, trockenes Laub** — **Rasenschnitt** — **Schaufel (zum Umsetzen)**

Uff, das ist der anstrengendste Teil: Der Rasen wird mit dem Spaten abgestochen. Dadurch können Regenwürmer und Co. einwandern und sich im Winter wieder zurückziehen.

①

Komposter gibt es aus Holz, Metallgittern und aus Kunststoff. Funktionstüchtig sind sie alle, in Thermokompostern aus Kunststoff läuft der Rotteprozess allerdings etwas schneller ab, zudem haben sie meist eine praktische Entnahmeklappe für den reifen Kompost. Tipp: Maschendraht zwischen dem unten offenen Behälter und dem Boden verhindert, dass Wühlmäuse einziehen. Optimal für alle Komposter ist ein windgeschützter Platz im Halbschatten. Das organische Material sollte immer leicht feucht sein, in der prallen Sonne trocknet es schnell aus. Eine mit Steinen beschwerte Strohmatte oder Folie schützt offene Modelle vor zu viel Sonne und Verdunstung. In trockenen Sommern sollten Sie den Kompost gelegentlich gießen. Je nach Komposter und Zusammensetzung des Rottematerials steht nach vier bis neun Monaten der erste reife Kompost zur Verfügung.

Einfache Holzkomposter gibt es schon für um die 20 Euro. Besonders praktisch sind Modelle mit abnehmbarer Seitenwand, da kommt man später leichter an den reifen Kompost ran. Wenn der Komposter steht, packe ich als Erstes grob zerkleinerte Zweige rein.

Auf die Zweige kommen jetzt die Rasensoden - mit den Wurzeln nach oben -, und dann fülle ich abwechselnd trockene und feuchtere Gartenabfälle auf, zum Beispiel altes Laub und Rasenschnitt. Der Mix ist wichtig, damit nix fault - denn das stinkt einem sonst gewaltig.

Gartenabfälle, rohe Küchenabfälle, Eierschalen und Kaffeesatz dürfen auf den Kompost, Reste von Fleisch, Fisch, Milchprodukten und Teile kranker Pflanzen kommen besser in den Hausmüll.

Reifer Kompost ist dunkel, feinkrümelig und riecht nach Waldboden. Wer sichergehen will, sät Kresse aus: Sind die Keimlinge schön weiß mit grünen Blättchen, ist der Kompost reif, sind sie gelb oder braun, braucht er noch ein Weilchen.

17

Grundausstattung für (Stadt-)Gärtner

Die Gartengeräte füllen im Gartencenter oft mehrere Abteilungen: Aber was um Himmels Willen braucht man davon wirklich? Und warum stehen Gärtner so auf Strohhüte?

Es gibt eindeutig hippere Kopfbedeckungen als ausgerechnet einen Strohhut. Allerdings wirft er deutlich mehr Schatten als Kopftuch und Co. und ist schön luftig.

Die Gartensaison steht vor der Tür, und Sie haben noch kein einziges Werkzeug? Don't panic, auch ohne lässt es sich prima gärtnern, zumindest in kleinerem Umfang: Töpfe lassen sich prima mit der Hand befüllen, um gelegentlich die Erde zu lockern, kann man zu Gabel oder Messer greifen, zum Gießen kommt ein Messbecher zum Einsatz und zum Pikieren (→ Seite 26) eignet sich ein Essstäbchen vom Asia-Imbiss oder ein schmaler

Bodenlockern auf dicht bepflanzten Beeten? Ein Fall für den Sauzahn!

Teelöffelstiel. Nach und nach kann man sich dann zum Beispiel fürs Balkongärtnern folgende Utensilien zulegen: ein Handschäufelchen, Handschuhe, eine Gießkanne sowie Schnur und Bambusstäbe zum Anbinden hoher Pflanzen. Häufig im Einsatz ist zudem eine einfache Gartenschere.

Für Hof- und Feldgärtner

Wo sich Hinterhof und Dachgarten allmählich zur grünen Oase verwandeln, lohnt sich die Investition in einen Gartenschlauch. Wer ein Stück Feld oder einen Schrebergarten pachten möchte, der sollte sich auf jeden Fall einen Spaten zulegen sowie Hacke und Grubber zum Lockern und Unkrautjäten. Mit einer Grabegabel kann man sowohl den Boden lockern als auch Wurzelunkräuter wie Giersch aus der Erde ziehen. Gemüsegärtner sollten zudem eine Harke zum Ebnen der Beete bereithalten. Tragen ein paar Obstbäume ihre süße Last oder sollen Hecken oder Wildobststräucher Insekten und Vögeln Schutz und Nahrung bieten? Dann wird der Erwerb einer Ast- und einer Heckenschere vor allem Männerherzen höher schlagen lassen. Von Schubkarren sind sie meist weniger begeistert, sinnvoll sind diese aber trotzdem. Genau wie ein Rasenmäher, wenn eine Krabbelecke für junges Gemüse geplant ist.

1. **Gießkanne** Das vielleicht wichtigste Gartengerät überhaupt. Die Bandbreite reicht von nostalgischen Zinkkannen bis hin zu fliegenden Schweinen.

2. **Handschäufelchen** Taugt sowohl zum Befüllen von Töpfen mit Erde als auch zum Pflanzen im Beet.

3. **Gartenschere** Zu schnippeln gibt es immer etwas.

4. **Spaten** Ohne Spaten muss man warten, denn die wenigsten Beete graben sich von alleine um.

5. **Grabegabel** Praktisch zum Bodenlockern und für Drohgebärden gegenüber faulen Mitgärtnern.

6. **Grubber** Super, um die Erdoberfläche zu lockern und Unkrautkeimlinge unterzupflügen.

7. **Hacke** Macht Unkraut den Garaus.

8. **Harke** Glättet Beetoberflächen im Nu. Ihr naher Verwandter, der Laubrechen, ist optimal, um im Herbst Blätter von Rasen und Beeten zu entfernen.

9. **Astschere** Rückt dicken Ästen beherzt zu Leibe.

10. **Heckenschere** Für normale Sichtschutzhecken ebenso einsetzbar wie zur Buchsbaum-Bildhauerei.

11. **Schubkarre** Verpflichtet zu Wettrennen, ist aber nicht nur zum Personentransport bestens geeignet.

12. **Rasenmäher** Ein Spindelmäher reicht für kleine Flächen völlig aus.

FRÜHLING

ENDLICH! DIE SONNEN HAT DIE LETZTEN SCHNEERESTE ZUM SCHMELZEN GEBRACHT UND **SINGVÖGEL** UMGARNEN IHRE HERZDAMEN MIT SALBUNGSVOLLEN **LIEBESARIEN**. AUCH WIR SIND DANN EINEM FLIRT NICHT ABGENEIGT UND LIEBÄUGELN IM GARTENCENTER MIT **GEMÜSESAMEN** UND BUNTEN PRIMELN – GEPRIESEN SEI DER FRÜHLING!

Achtung, fertig – gärtnern!

	1 Das macht besonders Spaß	**2** Das ist schweißtreibend

März

ZÜCKT DIE SAMENTÜTCHEN, DIE AUS-SAATSAISON GEHT ENDLICH LOS!

Das **Fitnessstudio** können Sie sich sparen, jetzt werden Spaten und Grubber geschultert und die Beete frühlingsfein gemacht.

April

Und ab dafür: Bei all den tollen Pflanzen kann man glatt in einen Kaufrausch verfallen.

DER RASEN WIRD IM APRIL ZUM ERSTEN MAL GEMÄHT.

Mai

SCHNELLER ERFOLG
Viele Sommerblumen wie Kapuziner-kresse, Ringelblumen oder Jungfer-im-Grünen kann man jetzt ins Beet säen.

RASEN
WER SICH IM SOMMER AUF FRISCHGRÜNEM RASEN IN DER **SONNE RÄKELN** MÖCHT SOLLTE SICH NUN UM DIE AUSSAAT KÜMMERN.

3 Das kann man jetzt genießen

LÖWENZAHN, SAUERAMPFER, GÄNSE-BLÜMCHEN: DIE NATUR HÄLT JETZT ALLE ZUTATEN FÜR EINEN KÖSTLICHEN WILDKRÄUTERSALAT BEREIT.

Mmmmh,
Ende April beginnt
die Rhabarbersaison.
Eingekocht oder als Kuchen
weckt er Kindheitserinnerungen.

NPIJEE, DIE ERDBEERZEIT GINNT! OB MIT SCHLAGSAHNE ER PUR, DIE SÜSSEN FRÜCHTCHEN ND IM NU VERNASCHT ...

4 Bloß nicht vergessen

SCHNECKEN SIND AUF DER SUCHE NACH FRISCHEM GRÜN. EIN SCHNECKENZAUN SCHÜTZT ZARTE JUNGPFLANZEN.

FRÜHJAHRSBLÜHER WIE DIE FORSY-THIE DIREKT NACH DER BLÜTE ZU-RÜCKSCHNEIDEN UND AUSLICHTEN.

AB INS FREIE HEISST ES JETZT AUCH FÜR VORGEZOGENE GEMÜSE-PFLANZEN UND SOMMERBLUMEN – ABER ERST NACH DEN EISHEILIGEN.

5 Das können Sie mit anderen teilen

DIE ERSTEN SONNENSTRAHLEN LOCKEN UNS NACH DRAUSSEN – DER PERFEKTE ZEITPUNKT FÜR EINE FRÜHLINGSWANDERUNG.

Stauden teilen, und zwar wortwörtlich: Ältere Pflanzen mit dem Spaten teilen, ein Stück wieder einpflanzen, das andere verschenken.

VERSCHENKEN SIE VERBLÜHTE ZWIEBELBLUMEN UND PRIMELN AN FREUNDE MIT EIGENEM GARTEN, DORT BLÜHEN DIE PFLANZEN IM NÄCHSTEN JAHR ERNEUT.

Vorkultur: Willkommen im Pflanzenkindergarten

Ab März werden Fensterbank und Treppenhaus zum Tummelplatz für zarte Salatpflänzchen und vorwitzige Tomatensprösslinge. Als Lohn winkt ein besonders früher Start in die Gartensaison.

„Gebeiztes" Saatgut wurde mit Pflanzenauszügen oder Pflanzenschutzmitteln behandelt, um die Keimkraft der Samen zu erhöhen und Krankheitserreger fernzuhalten.

Kaum blitzen die ersten Schneeglöckchen aus der noch winterkalten Erde, da juckt es angehende Gärtner auch schon in den Fingerspitzen: Wann kann man endlich loslegen mit dem Säen und Pflanzen? Ganz Ungeduldige, die am liebsten schon an Neujahr anfangen möchten, können mit Kresse innerhalb weniger Tage scharf-würzige Erfolgserlebnisse feiern: Einfach ein wenig Watte auf eine Untertasse legen, Kressesamen ausstreuen und gut anfeuchten. Oft keimen die Samen noch am selben Tag, und schon nach etwa einer Woche kann man ernten.

Sind alle Materialien bereitgestellt, kann es mit der Aussaat der ersten Pflanzen losgehen.

Licht, Licht, Licht!

Mit allen anderen Gemüse- und Zierpflanzen sollten Sie allerdings noch ein paar Wochen warten – aus gutem Grund: Nicht nur wir Menschen sehnen uns nach Licht, auch die zarten Keimlinge auf der Fensterbank recken sich begierig der Sonne entgegen, zumal die Wärme in der Wohnung zusätzlich signalisiert: Wachsen, aber dalli, dalli. Bis etwa Ende Februar reicht das Licht, das durch die Fenster dringt, dafür aber dummerweise noch nicht aus (es sei denn, man hat einen Wintergarten oder ein Gewächshaus im Garten). Zu früh gesäte Sprösslinge strecken sich deshalb immer mehr, um der schwachen Lichtquelle näher zu kommen, und entwickeln dadurch sehr lange, aber schwache Stängel. Später ausgesäte Pflanzen sind deutlich robuster und weniger anfällig für Krankheiten und Schädlinge, ein bisschen Geduld lohnt sich also.

Prinzipiell ist das Vorziehen auf der Fensterbank eine super Sache – auch für Topfgärtner –, denn es verschafft den Pflanzen einen Wachstumsvorsprung. Wärmebedürftige Arten wie Tomaten, Gurken und Paprika bräuchte man hierzulande ohne die Aussaat im warmen Zimmer erst gar nicht anzubauen: Die Zeit, in der es ihnen draußen warm genug zum Wachsen und Fruchten ist, wäre sonst einfach zu kurz.

Schnell gemacht

PAPERPOTS BASTELN:

Anzuchttöpfchen kann man auch selber basteln. Alles, was man dazu braucht, ist Zeitungspapier (kein farbiges oder Hochglanzpapier) und ein gerades Trinkglas.

* Das Zeitungspapier in etwa 8 cm breite Streifen schneiden. Die Länge orientiert sich am Umfang des Glases. Der Topf wird umso stabiler, je länger der Papierstreifen ist.
* Nun den Papierstreifen fest um das Glas wickeln, das Glas ein Stückchen herausziehen und das überstehende Papier über dem Glasboden falten – das wird der Boden des Paperpots. Glas herausziehen und den oberen Rand des Paperpots nach innen einschlagen. Nun noch mit Erde befüllen – fertig!

Der Kindergarten wächst

Ab März geht es dann endlich los: Die Aussaatsaison beginnt mit Salat, Paprika, Kohlrabi und anderen Kohlgewächsen. Ab Mitte März wird es langsam eng auf der Fensterbank, denn nun freuen sich auch Tomaten sowie viele Sommerblumen, Kräuter und Stauden über ein warmes und möglichst helles Plätzchen, etwa Studentenblumen, Schnittlauch, Bechermalven und Bartfaden. Die Samengröße entscheidet dabei über die Wahl der Aussaatgefäße: Sehr große Samen wie von Zucchini, Gurken oder Kürbis, die ab Mitte April vorgezogen werden können, legen Sie einzeln in kleine Töpfchen, das erleichtert später das Umpflanzen. Bei mittelgroßen Samen, z.B. bei Tomaten, legen Sie je nach Töpfchengröße drei bis fünf Stück hinein und entfernen später die schwächeren Sämlinge. Sehr feines Saatgut am besten breitwürfig in größeren Saatschalen verteilen, sodass man sich später die stärksten Sämlinge heraussuchen kann. Besonders praktisch sind biologisch abbaubare Töpfchen, die später einfach mit eingepflanzt werden. Wer der Umwelt etwas Gutes tun möchte, verzichtet dabei auf Exemplare aus Torf. Eierkartons, Klopapierrollen oder selbst gebastelte Paperpots (→ Kasten) eignen sich ebenso gut und sparen obendrein Geld. Noch günstiger sind nur Pflanzen, die direkt ins Beet gesät werden (→ Seite 28).

Schritt für Schritt: Aussaat drinnen

Sind die Fensterbänke leer geräumt und liegen die Samentütchen bereit? Prima, dann können Sie ja direkt loslegen, damit schon bald die ersten Pflänzchen sprießen.

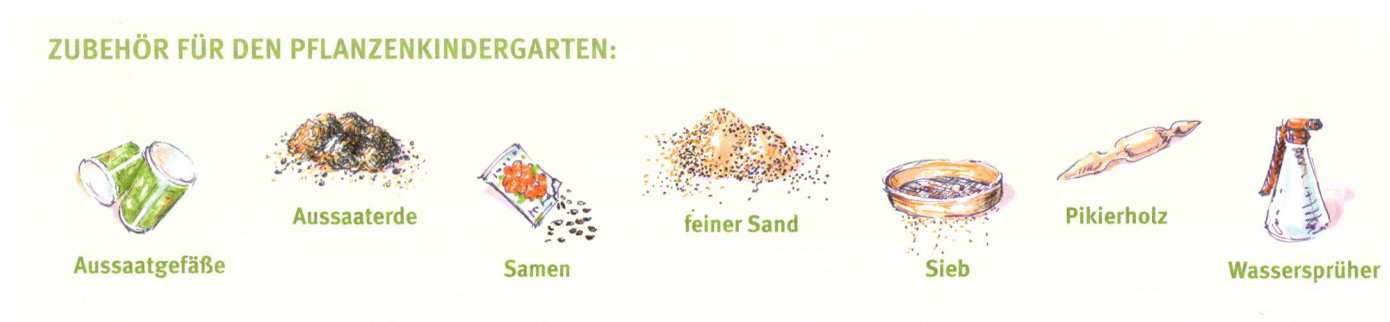

ZUBEHÖR FÜR DEN PFLANZENKINDERGARTEN:

Aussaatgefäße · Aussaaterde · Samen · feiner Sand · Sieb · Pikierholz · Wassersprüher

> Sehr feines Saatgut wie das von Möhren mische ich mit ein bisschen Sand, dann lässt es sich nämlich viel gleichmäßiger verteilen.

1

Für ein erprießliches Ergebnis sollte man ein paar Dinge wissen: Das Saatgut von Lichtkeimern wie Salat drückt man nur an oder bedeckt es sehr dünn mit Erde, sonst wartet man vergeblich darauf, dass sich etwas tut. Dunkelkeimer wie der Kürbis keimen lieber unter der Erde. Immer spezielle Aussaaterde verwenden, normale Blumenerde ist zu stark gedüngt und würde die zarten Keimlingswurzeln verbrennen. Praktisch sind Quelltöpfe aus Torf oder Kokosfaser. Legt man die Tabletten ins Wasser, quellen sie auf und können mit Samen bestückt werden. Sorgen Sie anschließend für gemütliche Sauna-Atmosphäre, indem Sie Klarsichtfolie über die Aussaatgefäße spannen. Tägliches Lüften nicht vergessen! Wenn sich nach den beiden Keimlingsblättern die ersten richtigen Blätter bilden, sollte man seinen Pflänzchen ein bisschen Privatsphäre gönnen und sie „pikieren", also vereinzeln.

Dann bedecke ich die Samen dünn mit Erde - so wie einen Kuchen mit Puderzucker. Die Erdschicht sollte umso dünner sein, je feiner das Saatgut ist. Geht auch gut mit einem Sieb. Wer kein teures Gärtnersieb kaufen will, nimmt ein Küchensieb.

Jetzt drücke ich die Erde vorsichtig an, entweder mit der flachen Hand oder mit einem Glas. Dadurch bekommen die Samen guten Bodenkontakt und keimen schneller.

Zum Schluss die Erde mit einem Wassersprüher oder mit einer Gießkanne mit Brauseaufsatz befeuchten und in den kommenden Wochen nie ganz austrocknen lassen. Zeigen sich bei den Keimlingen die ersten echten Blättchen, sind sie reif fürs „Pikieren".

Es ist soweit: Mit einem Pikierholz oder einem Zahnstocher setze ich die Pflänzchen samt Wurzeln vorsichtig in größere Töpfe mit Aussaaterde um. Leicht andrücken, fertig.

Beet vorbereiten: Ab nach draußen!

Ein sonniges Wochenende reicht, um Balkon oder Hinterhof mit Kisten, Kästen und Töpfen zu bestücken oder die Beete im Garten frühlingsfit zu machen. Und schon bald zeigt sich das erste Grün.

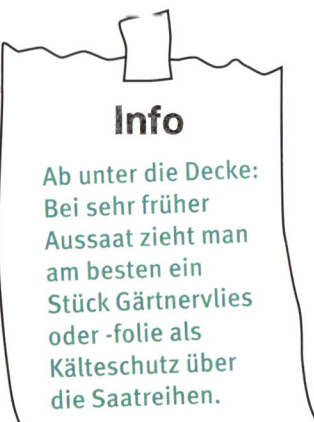

Info

Ab unter die Decke: Bei sehr früher Aussaat zieht man am besten ein Stück Gärtnervlies oder -folie als Kälteschutz über die Saatreihen.

Im Garten ist ein gut vorbereitetes Saatbett das Wichtigste, sowohl für die Aussaat als auch fürs Pflanzen. Wer nicht das halbe Beet unter den Gummistiefeln mitschleppen will, wartet mit der Bodenvorbereitung so lange, bis die Erde einigermaßen abgetrocknet ist. Für ein neues Beet sticht man – am besten an einer sonnigen Stelle – zunächst mit einem Spaten die Rasensoden auf der geplanten Fläche ab beziehungsweise entfernt sorgfältig alles Unkraut und größere Steine vom Beet. Okay, es gibt Angenehmeres, aber wer jetzt gründlich ist, spart sich später viel Arbeit, denn aus Resten von Unkrautwurzeln entwickeln sich oftmals neue Pflanzen. Bei der Größe und Form des Beetes ist natürlich wichtig, dass man später gut an die Pflanzen herankommt. Weil Wege aber kostbaren Platz kosten, kann man nach der

Bodenvorbereitung auch ein paar Bretter oder einzelne Trittsteine auf die Beete legen. Richtig tiefes Umgraben mit dem Spaten ist vor allem auf sehr schweren Böden notwendig, wo man es am besten schon im Herbst erledigt (→ Seite 10). Auf normalen Böden genügt es meist, die Erde mit der Grabegabel zu lockern und anschließend so lange mit Hacke und Grubber zu bearbeiten, bis sie schön feinkrümelig ist. Anschließend ziehen Sie das Beet mit der Harke glatt.

Direktsaat – von der Tüte in den Boden

Unerschrockene wie Möhren, Puffbohnen oder Pastinaken dürfen schon im Februar direkt ins Beet. Topfgärtner legen mit der Freilandaussaat am besten erst Mitte März los, da die Samen in Kästen und Töpfen durch das geringere Erdvolumen weniger geschützt sind. Dann allerdings können Sie auch gleich noch Salat, Radieschen, Erbsen und Pflücksalat, Tagetes, Ringelblumen und Löwenmäulchen aussäen und auf den Balkon stellen. Im Gemüsebeet sät man am besten in Reihen: Mit einem Pflanzholz oder der Spitze des Handschäufelchens entlang einer gespannten Schnur eine Saatrille ziehen, so wird die Rille gerade. Die Samen darin verteilen und die Rille wieder schließen.

In Tonkügelchen verpackt, lassen sich feine Samen leichter aussäen.

Draußen sät man prinzipiell wie drinnen: Entweder sät man relativ dicht und zupft die schwächeren Pflänzchen heraus, sobald sie größer werden, oder man hält gleich den richtigen Abstand ein. Dieser richtet sich danach, wie groß die Pflanzen werden, und ist auf der Saatgutpackung und auf den Porträtseiten im Buch angegeben. Die Zahlen beim Gemüse bedeuten: Abstand in der Reihe mal Reihenabstand. Bei feinem Saatgut, das sich nicht so leicht gleichmäßig verteilen lässt, haben sich die Gärtner den Trick mit dem Pilieren einfallen lassen: Jeder Samen wird maschinell mit einer Hülle aus Tonerde umgeben und wächst dadurch auf eine handlichere Größe an (→ Foto links).

Nicht vergessen: Etiketten ins Beet stecken. Sonst weiß keiner mehr, wo was wächst.

In Saatbändern oder Scheiben liegen die Samen bereits im richtigen Abstand.

Holzstecken mit beschrifteten Tontöpfchen zeigen an, wo bereits etwas gesät wurde.

29

Schritt für Schritt: Jetzt pflanzen!

Sie haben in der Gärtnerei fette Beute gemacht oder sogar schon Ihre eigenen Sämlinge hochgepäppelt? Glückwunsch, der schwierigste Teil liegt hinter Ihnen, den Rest schaffen Sie mit links.

DIESES RÜSTZEUG SOLLTE PARAT LIEGEN:

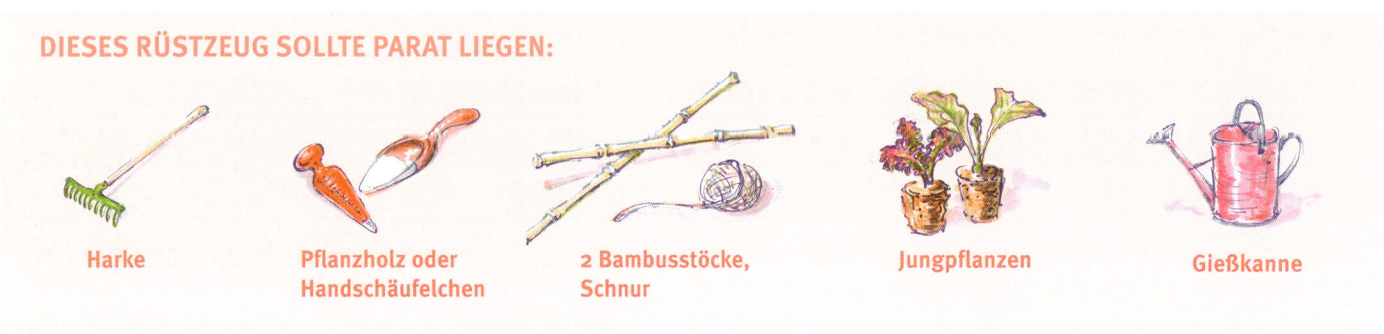

| Harke | Pflanzholz oder Handschäufelchen | 2 Bambusstöcke, Schnur | Jungpflanzen | Gießkanne |

1 Wenn der Boden schön feinkrümelig ist, stecke ich zwei Stöcke in den Boden und spanne eine Schnur. So werden die Pflanzreihen gerade.

Wer noch keine eigenen Pflanzen herangezogen hat, kann ab März in der Gärtnerei oder auf dem Wochenmarkt vorgezogene Salatjungpflanzen kaufen, Kohlgewächse folgen im April und Tomaten, Gurken und andere wärmeliebende Arten spätestens ab Mai. Besonders bei Letzteren sollten Sie es sich wirklich verkneifen, früher zuzuschlagen, denn die Südländer nehmen Temperaturen an der Gefriergrenze ziemlich übel. Topfgärtner haben allerdings den Vorteil, dass sie ihre Schützlinge bei drohenden Temperaturstürzen ins Haus holen können, wenn sie unbedingt vor den Eisheiligen pflanzen möchten. Selbstgezogenen Pflänzchen bekommt eine Abhärtungskur sehr gut: Stellen Sie sie jeden Tag etwas länger nach draußen, damit sie sich an die Sonne und die kühleren Temperaturen gewöhnen können. So wie hier beschrieben geht man übrigens auch bei Zierpflanzen vor – nur nicht in Reihen.

Durch eine Drehbewegung mit dem Handschäufelchen entsteht ein Loch, in das ich die Jungpflanze setze. Ist der Wurzelballen sehr trocken, tauche ich ihn vorher in einen Wassereimer.

Mit einer Hand halte ich die Jungpflanze fest, mit der anderen ziehe ich Erde heran. Bei einigen Arten wie Tomaten bedecke ich die unteren Zentimeter des Stiels zusätzlich mit Erde.

Nun drücke ich die Erde um die Pflanze etwas an. Topfgärtner verfahren genauso, sind beim Andrücken aber etwas vorsichtiger, damit die feinere Blumenerde nicht zu sehr verdichtet.

Egal, ob Gemüse oder Sommerblumen, Säen oder Pflanzen, zu guter Letzt gieße ich alles mit einer Gießkanne mit Brauseaufsatz durchdringend an - und belohne mich nach getaner Arbeit selbst mit einem erfrischenden Getränk. O'pflanzt is!

Best of Gemüse – die gelingen immer

Tomate

Lycopersicon esculentum

Saattiefe: 0,5 cm | Pflanzabstand: 60 × 80 cm

Pflege: Im Topf zweimal wöchentlich Flüssigdünger ins Gießwasser geben. Nässe verursacht Kraut- und Braunfäule, daher am besten geschützt stellen. Stabtomaten benötigen Stützen. Aus den Blattachseln wachsende Triebe ausbrechen.
Sorten: 'Matina' ist eine sehr gute samenfeste Sorte. Die F1-Hybride (→ Seite 67) 'Phantasia' ist sehr gesund.
Extra-Tipp: Beim Pflanzen einen Blumentopf direkt neben der Tomate eingraben: Über den kann dann gegossen werden, ohne dass Wasser an die Blätter spritzt.

Freiland-Gurke

Cucumis sativus

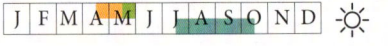

Saattiefe: 2 cm | Pflanzabstand: 80 × 40 cm

Pflege: Nach dem Pflanzen anhäufeln, damit sich zusätzliche Wurzeln bilden. Triebe an Rankgitter aufleiten, Seitentriebe jeweils nach dem ersten Blattansatz kappen. Gleichmäßig feucht halten, sonst können die Früchte bitter werden. Im Topf zweimal wöchentlich düngen.
Sorten: 'Tanja' ist eine sehr gute samenechte Sorte (→ Seite 67). 'Diamant F1' bringt sehr hohe Erträge.
Extra-Tipp: Mini-Gurken wie die robusten 'Ministars' (F1-Hybride) sind optimal für Hängeampeln.

Zucchini

Cucurbita pepo

Saattiefe: 2 cm | Pflanzabstand: 100 × 100 cm

Pflege: Direktsaat ist von Anfang bis Ende Mai möglich. Gleichmäßig mit Wasser und im Kübel zweimal wöchentlich mit Flüssigdünger versorgen. Sobald sich eine Frucht bildet, noch anhaftende Blüten ausbrechen, damit keine Fäulnis eindringt. 15–20 cm groß ernten.
Sorten: Die robuste 'Soleil' trägt gelbe Früchte, 'Zuboda' ist samenfest und 'Black Forest' wächst platzsparend am Rankgitter.
Extra-Tipp: Die Blüten sind gefüllt oder frittiert eine Delikatesse.

▮ = Vorkultur ▮ = Aussaat ▮ = Pflanzung ▮ = Ernte   ☀ Sonne ◑ Halbschatten ● Schatten

Kürbis
Cucurbita spec.

 ☀

Saattiefe: 2 cm | Pflanzabstand: 100 × 100 cm

Pflege: Nicht zu früh aussäen, Lichtmangel führt zu krankheitsanfälligen Pflanzen. Nach den Eisheiligen in mit reichlich Kompost angereicherte Erde pflanzen – oder direkt auf den Kompost. Im Kübel zweimal wöchentlich düngen.
Sorten: 'Butternut Waltham' trägt birnenförmige, süßlich schmeckende Früchte. 'Muscat de Provence' hat die typische Kürbisform. Beide sind samenfest.
Extra-Tipp: Für besonders große Kürbisse nur wenige Fruchtansätze an der Pflanze belassen, die anderen ausbrechen.

Radieschen
Raphanus sativus

 ◑ ☀

Saattiefe: 1 cm | Pflanzabstand: 5 × 10 cm

Pflege: Eine Folienabdeckung beschleunigt bei früher Aussaat im Beet das Wachstum. Säen Sie mehrere Sätze im Abstand von ein paar Wochen. Durchlöcherte Blätter deuten auf Erdflöhe hin. Dagegen helfen regelmäßiges Hacken zwischen den Reihen und eine gleichmäßige Wasserversorgung.
Sorten: '18 Jours' ist eine längliche rotweiße Sorte und samenfest. 'Raxe' ist ein klassisch-rundes Radieschen.
Extra-Tipp: Je sandiger der Boden, desto schärfer werden die Radieschen. Etwas Salz nimmt ihnen die Schärfe.

Möhre
Daucus carota ssp. *sativus*

 ◑ ☀

Saattiefe: 3 cm | Pflanzabstand: 4 × 15 cm

Pflege: Nach der Direktsaat gleichmäßig feucht halten, aber Staunässe vermeiden. Bei zu engem Abstand einige Sämlinge herausziehen. Bei früher Aussaat mit Folie abdecken. Um den Sommer über ernten zu können, mehrmals im Abstand von ein paar Wochen aussäen.
Sorten: 'Bolero F1' bringt hohe Erträge bei gutem Geschmack. 'Nantaise 2/Fanal' ist samenfest und lange lagerfähig, 'Purple Haze' (F1-Hybride) dunkelviolett.
Extra-Tipp: Frühe Möhren werden nur selten von der Möhrenfliege befallen.

Top(f)fit fürs Topfgärtnern

Nicht nur holländische Tomaten fühlen sich im mobilen Eigenheim pudelwohl, auch viele andere Pflanzen haben gegen ein Leben in Kisten, Kästen und Kübeln nichts einzuwenden.

Prinzipiell können Sie in Pflanzgefäßen alles anbauen, was auch im Garten wächst. Allerdings gibt es einen entscheidenden Unterschied: Pflanzgefäße bieten im Gegensatz zu gewachsenem Boden nur ein sehr begrenztes Erdvolumen. Pflanzen, die ihre Wurzeln im Garten ausstrecken dürfen, können einfach noch ein bisschen mehr in

Balkonampeln und Blumenkästen schaffen Platz für neues Grün, ohne den Raum enger zu machen.

die Tiefe wachsen, wenn die oberen Bodenschichten nach ein paar Wochen ohne Regen ausgetrocknet sind. Tiefwurzler wie die Rose sind auf diesem Gebiet echte Spezialisten. Das bisschen Blumenerde im Topf hingegen haben die Pflanzen rasch ausgesaugt, und dann können sie sich noch so sehr mühen, neue Wasserquellen werden sie kaum erschließen.

Auf einem Balkon oder unbeschatteten Hof in süd- oder südwestlicher Lage muss man daher im Sommer oft täglich zur Gießkanne greifen. Wem das zu mühselig ist, der sollte sich entweder für sehr große Pflanzgefäße entscheiden – je mehr Volumen, desto länger hält der Wasservorrat – oder auf Balkonkästen, Pflanzkübel und Blumenampeln mit Wasserspeicher setzen (→ Seite 68).

Ideales Zuhause für alle

Generell sollte die Gefäßgröße auf die Pflanzen abgestimmt sein. Besonders Tiefwurzler kränkt es sehr, wenn sie sozusagen die ganze Zeit mit angehockten Beinen im Topf sitzen müssen. Solche Arten sind daher in hohen schlanken Gefäßen am besten aufgehoben, bei Rosen beispielsweise sollten sie mindestens 40 cm tief sein, damit sich die Wurzeln richtig entfalten können. Tappen Sie auch nicht in die Falle, von Anfang an keine

DRAINAGEKISSEN BASTELN:

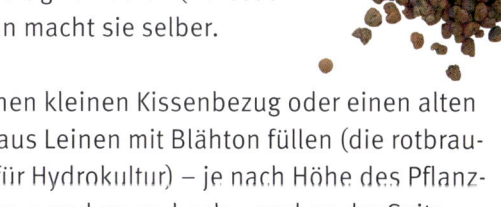

Eine Drainageschicht verhindert Staunässe. Clevere Gärtner greifen dabei auf Drainagekissen zurück. Die gibt's fertig zu kaufen (Adressen → Seite 154) oder man macht sie selber.

✳ Dazu einfach einen kleinen Kissenbezug oder einen alten Einkaufsbeutel aus Leinen mit Blähton füllen (die rotbraunen Kügelchen für Hydrokultur) – je nach Höhe des Pflanzgefäßes zwischen 3 und 10 cm hoch – und an der Seite zunähen.

✳ So vorbereitet sind die Kissen über Jahre hinweg jederzeit schnell einsatzbereit: einfach in den Topf oder Blumenkasten legen und dann erst die Erde einfüllen.

nackte Erde sehen zu wollen: Die blühenden Balkonkästen aus der Werbung sehen zwar fantastisch aus, sind aber oft viel zu eng bepflanzt, schließlich wachsen ihre Bewohner noch – und dann ist Schluss mit lustig, denn dann beginnt der Konkurrenzkampf um Platz, Wasser und Nährstoffe. Damit Gemüse und Zierpflanzen zur Höchstform auflaufen können, ist ein bisschen Beinfreiheit also nicht unwichtig, deshalb bleiben auch Obstbäumchen im Kübel besser ohne zusätzliche Unterpflanzung.

Manchmal ist aber auch nicht der Mangel an etwas das Problem, sondern eher ein Zuviel: Nach einem Sommergewitter beispielsweise können sich Pflanzen in geschlossenen Töpfen kaum vor den Wassermassen retten, die sich mit einem Mal im Gefäß stauen. Während für Freilandpflanzen die erfrischende Dusche ein echter Genuss ist, weil das Wasser in tiefere Bodenschichten versickern kann, wünscht sich so mancher Topfbewohner, die Evolution möge einen Zahn zulegen und ihn in eine Seerose verwandeln. Nach Möglichkeit sollte daher jedes Pflanzgefäß Wasserabzugslöcher im Boden besitzen. Bei manchen Kunststoffbehältern sind diese Löcher nur angedeutet, können aber mit einer Bohrmaschine leicht aufgebohrt werden. Zusätzlich, oder wenn keine Abzugslöcher vorhanden sind, ist eine Drainage sinnvoll (→ Kasten u. Seite 36).

Schritt für Schritt: Alles im Kasten

Achtung, Suchtgefahr! Nach ersten Pflanzerfolgen vermehren sich Kästen und Kübel in Windeseile. Bedenken Sie, dass auch noch ein bisschen Mensch auf den Balkon oder in den Hof passen soll ...

AUSRÜSTUNG FÜR BALKONKASTEN-MANIACS:

| Balkonkasten oder Pflanzkübel | Blähton | Gärtnervlies oder dünner Stoff | Blumenerde | Pflanzen nach Wahl | Gießkanne |

> Um den Wasserabzug zu verbessern, fülle ich zuerst Blähton oder Kies in das Pflanzgefäß ein, bei einem Standard-Balkonkasten ungefähr 4 cm hoch.

1

Bepflanzen können Sie prinzipiell alles, was sich mit Erde befüllen lässt, von Holzkisten über Badewannen bis hin zu alten Schuhen. Sehr praktisch sind Pflanzgefäße aus Kunststoff und sogenannte Growing Bags. Beide sind echte Leichtgewichte (Balkongärtner, die im vierten Stock wohnen, werden dies zu schätzen wissen) und absolut frostfest. Growing Bags, die optisch an Einkaufstaschen erinnern, lassen sich nach der Saison zudem platzsparend zusammenfalten. Fans von Terrakotta und anderer Keramik sollten sich vor dem Kauf nach der Frosthärte erkundigen: Nicht frostharte Töpfe müssen Sie nämlich über den Winter frostfrei lagern, da sie bei Minusgraden platzen können. Praktisch für alle, die keine Lust haben, nach Umtopfaktionen den Balkon oder Hof zu kehren, sind Pflanzunterlagen (Bezugsquellen → Seite 154), die man anschließend einfach über dem Erdsack ausleeren kann.

Damit sich Drainage und Erde nicht vermischen und sich nach der Saison gut wieder trennen lassen, lege ich ein Stück wasserdurchlässiges Vlies oder dünnen Stoff auf den Blähton.

2

3

Nachdem ich ungefähr ein Drittel des Kastens mit Erde aufgefüllt habe, probiere ich aus, wie die Pflanzen darin am besten aussehen. Besonders schön wirkt oft eine Kombination von eher aufrecht wachsenden Arten und Hängepflanzen.

Rund um die erste Pflanze fülle ich schon ein bisschen Erde auf und drücke sie seitlich an den Ballen an. Dann nehme ich die nächste Pflanze zur Hand.

4

5

Beim Auffüllen sollte ein etwa 2 cm hoher Gießrand bleiben, sonst schwappt später der Matsch über den Balkonkastenrand. Jetzt ohne Brauseaufsatz gründlich angießen – fertig.

Best of Sommerblumen – die gelingen immer!

Ringelblume
Calendula officinalis

 ◐ ☀

Saattiefe: 1 cm | Pflanzabstand: 20 cm

Wuchs: Wird je nach Sorte 30–60 cm hoch, wächst leicht buschig.
Blüte: Das Farbspektrum reicht von Hellgelb über Sonnengelb bis Knallorange. Einige Sorten wie 'Calendula Oranja' tragen gefüllte Blüten. Als Nektarquelle für Insekten sind ungefüllte Sorten besser geeignet.
Pflege: Wächst überall. Bei anhaltender Trockenheit gießen, sonst nicht.
Extra-Tipp: Sät sich jedes Jahr selbst aus, wenn man Verblühtes zumindest zum Saisonende hin nicht abschneidet.

Schmuckkörbchen
Cosmos bipinnatus

 ◐ ☀

Saattiefe: 1 cm | Pflanzabstand: 30 cm

Wuchs: Wird je nach Sorte 60–120 cm hoch und schmückt sich mit wunderbar filigranem Laub.
Blüte: Am häufigsten findet man weiße, rosafarbene und violette Sorten. Es gibt auch gelbe und orangefarbene Varianten (z.B. *C. sulphureus* 'Sunny Mix').
Pflege: Wenn die Pflanzen etwa 20 cm groß sind, können Sie die Triebspitze etwa 1 cm oberhalb zweier Seitentriebe kappen. Dadurch wachsen die Pflanzen buschiger und blühen reicher.
Extra-Tipp: Essbare Blüten. Sät sich selbst aus, wenn man es lässt.

Sonnenblume
Helianthus annuus

 ☀

Saattiefe: 2 cm | Pflanzabstand: 40 cm

Wuchs: Kann bis zu 5 m hoch werden, viele Gartensorten erreichen aber nur 120–200 cm.
Blüte: Strahlend gelbe Zungenblüten stehen um die dunklen Staubgefäße. Es gibt auch dichtgefüllte Sorten, zum Beispiel 'Teddybär'.
Pflege: Frühzeitig stützen. Abgeknickte Blüten lassen sich mit Bambusstäben und Klebeband schienen.
Extra-Tipp: Sorten wie 'Snack' bilden große, dünnschalige Kerne, die geröstet ein Genuss sind.

■ = Aussaat   ■ = Pflanzung   ■ = Blütezeit   ☀ Sonne   ◐ Halbschatten   ● Schatten

Zauberglöckchen
Calibrachoa spec.

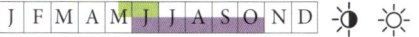

Pflanzabstand: 25 cm

Wuchs: Bildet bis zu 60 cm lange, mit grünen Blättern besetzte Ranken. Dichter kugelförmiger Wuchs. Sehr schön in Hängeampeln oder Balkonkästen.
Blüte: Pastelltöne sind ebenso im Angebot wie kräftige Farben.
Pflege: Optimal ist ein sonniger, regen- und windgeschützter Platz. Verträgt auch Schatten, blüht dann aber nur spärlich. Wöchentlich mit Flüssigdünger versorgen. Bei gelben Blättern mit grünen Adern Petuniendünger verwenden.
Extra-Tipp: Regelmäßiger Rückschnitt regt die Blütenbildung an.

Eisenkraut
Verbena-Hybriden

Pflanzabstand: 30 cm

Wuchs: Aufrecht bis überhängend mit etwa 25 cm langen Trieben. Krautiges Aussehen mit gefiederten Blättchen.
Blüte: Zahlreiche kleine Blüten bilden kompakte schirmartige Dolden. In vielen Farben, von Weiß und Apricot über Rosa und Violett bis hin zu Karminrot.
Pflege: Auf eine regelmäßige Wasserversorgung achten. Einmal wöchentlich Flüssigdünger ins Gießwasser geben.
Extra-Tipp: Verblühte Dolden regelmäßig abschneiden (etwa 0,5 cm oberhalb eines gut ausgebildeten Blattpaares). Fertige Pflanzen kaufen ist besser als Aussaat.

Süßkartoffel
Ipomoea batatas

Pflanzabstand: 40 cm

Wuchs: Dank bis zu 150 cm langer Ranken und eleganter, je nach Sorte leuchtend grüner oder schwarzvioletter Blätter auch ohne auffällige Blüten ein Hingucker. Optimal als Ergänzung zu blühenden Balkonpflanzen.
Pflege: Braucht viel Wasser und einmal wöchentlich eine Portion Flüssigdünger.
Extra-Tipp: Auch die auf hohen Zierwert gezüchteten Sorten sind essbar. Wer einige Knollen im September erntet, kühl und dunkel lagert, kann sie im nächsten Jahr ab Mitte März im Haus vortreiben und im Mai auspflanzen.

Stauden: Blütenpracht für viele Jahre

Wer nicht jedes Jahr neu aussäen mag, liegt mit den robusten mehrjährigen Pflanzen genau richtig. Auch in Töpfen und Kübeln machen viele Arten eine gute Figur.

Info

Im Vorjahr gepflanzte Stauden können durch die Kälte „hochgefroren" sein. Dann drückt man den Wurzelballen einfach wieder zurück in die Erde.

Einjährige Sommerblumen haben den Vorteil, dass man sich jedes Jahr für neue Arten entscheiden kann, aber den Nachteil, dass man sie stets aufs Neue aussäen muss und es oft eine ganze Weile dauert, bis sie wirklich etwas hermachen. Daher heißt es nun „Vorhang auf" für eine weitere Pflanzengruppe: die Stauden. Viele der eindrucksvollsten Blütenpflanzen wie Rittersporn, Stockrose und Aster zählen zu dieser Gruppe, aber auch filigrane Gräser, die wunderbar natürlich wirken und sommerliche Leichtigkeit auf dem Balkon oder im Garten verbreiten. Wer nur einen schattigen Platz zum Gärtnern zur Verfügung hat, für den sind Stauden geradezu unersetzlich, denn elegante Farne und Funkien oder die farbenfrohen Astilben bringen selbst dunkle Ecken zum Leuchten.

Robust und treu

Einmal gepflanzt (→ Seite 30), sind Stauden treuer als so mancher menschliche Zeitgenosse und erfreuen uns im Frühjahr schon mit frischem Grün. Viele Pflanzen wie Edeldisteln oder Brandkraut bieten sogar den Winter über einen schönen Anblick, ganz zu schweigen von Arten wie Elfenblume oder Dickmännchen, deren Blätter auch in der kalten Jahreszeit grün bleiben. Dafür verlangen die meisten Stauden nicht mehr als

etwas Kompost im Frühling und von Zeit zu Zeit eine Gießkanne voll Wasser – in Pflanzgefäßen wie immer häufiger als im Garten. Wer dann noch gelegentlich die Schere ansetzt und Verblühtes abschneidet, kann sich über viele Wochen hinweg über immer neue Blüten freuen (→ Seite 66).

Viele Staudenarten können Sie prinzipiell genau wie Sommerblumen aussäen. Gerade für Anfänger ist es aber einfacher, sich ferti-

Der Erdballen sollte von einem Netz feiner weißer Wurzeln durchzogen sein.

Mit einem Spaten lässt sich der ausgegrabene Wurzelballen leicht teilen.

Ein Teilstück können Sie wieder eingraben, die anderen zum Beispiel verschenken.

ge Pflanzen in der Gärtnerei zu kaufen: Sie sind dank der professionellen Pflege robust und haben bereits einen gut durchwurzelten Ballen, weshalb sie rasch anwachsen. So zumindest die Theorie. Damit Sie beim Kauf auch in der Praxis gute Qualität erwischen, sollten Sie die Pflanzen ein bisschen genauer unter die Lupe nehmen: Sehen die Blätter schön prall und grün aus? Das ist ein gutes Zeichen. Pflanzen, die einen schlaffen Eindruck machen oder viele gelbe, vertrocknete oder abgeknickte Blätter besitzen, sollten Sie besser wieder zurückstellen.

Finger weg heißt es, wenn Stängel oder Blätter auffällige Flecken zieren oder von unbekannten Krabbelviechern zur Wohnstätte erkoren wurden – Krankheitserreger gehen gerne auf Wanderschaft und können sich schnell eine komplette Topfpflanzengesellschaft untertan machen. Zu guter Letzt: Werfen Sie einen Blick durch die Wasserabzugslöcher am Topfboden – ist der Ballen von einem Geflecht feiner weißer Wurzeln durchzogen, haben Sie einen guten Fang gemacht (→ Foto links). Pflanzen können Sie Stauden – wie auch Gehölze – prinzipiell von Anfang März bis Ende November, vorausgesetzt, der Boden ist nicht gefroren. Optimal sind allerdings die Monate März und April sowie September und Oktober, weil die Stauden dann am besten einwurzeln und Sie weniger gießen müssen.

Übrigens: Zu groß gewordene Stauden können Sie ausgraben, mit dem Spaten teilen und dadurch verkleinern – und vermehren, denn jedes Teilstück wächst wieder an und ist zum Beispiel ein super Mitbringsel für andere Gartenfans (→ Fotos).

Best of Stauden – die gelingen immer

Frauenmantel
Alchemilla spec.

Pflanzabstand: 40 cm

Wuchs: Die kompakt wachsende Staude mit den gerüschten samtigen Blättern wird 30 cm hoch beziehungsweise 50 cm mitsamt den zarten Blütenständen.

Arten: Am bekanntesten ist der Weiche Frauenmantel (*A. mollis*). Der Kleine Frauenmantel (*A. erythropoda*) kommt auch mit trockeneren Böden gut klar.

Pflege: Kompostdüngung immer zum Neuaustrieb im Frühjahr. Verblühtes zurückschneiden.

Extra-Tipp: Optimal für Beetränder. Wird nie von Schnecken angerührt.

Glockenblume
Campanula spec.

Pflanzabstand: 40 cm

Wuchs: Allen Arten gemein sind die Glockenblüten in Weiß oder Violettnuancen.

Arten: Die Bandbreite reicht von 15 cm hohen Arten wie der Hängepolster-Glockenblume (*C. poscharskyana*) bis hin zu 100 cm hohen Arten, etwa der Pfirsichblättrigen Glockenblume (*C. persicifolia*).

Pflege: Kompostdüngung im Frühjahr. Verblühtes zurückschneiden.

Extra-Tipp: Im Schatten gedeiht etwa die Nessel-Glockenblume (*C. trachelium*), die Knäuel-Glockenblume (*C. glomerata*) verträgt pralle Sonne und Trockenheit.

Mädchenauge
Coreopsis spec.

Pflanzabstand: 35 cm

Wuchs: Luftig-buschiger Wuchs. Gelbe Blüten zu frischgrünem Laub.

Arten: Das Großblütige Mädchenauge (*C. grandiflora*, 40–50 cm) trägt gefranste ungefüllte oder halbgefüllte Blüten. Die Blüten des Kleinen Mädchenauges (*C. lanceolata*, ca. 35 cm) ziert zudem ein roter Tupfenkreis.

Pflege: Kompostdüngung im Frühjahr. Verblühtes zurückschneiden.

Extra-Tipp: Durch einfache Blüten und filigranes Laub bezaubert das Nadelblütige Mädchenauge (*C. verticillata*, 30–60 cm).

■ = Pflanzung ■ = Blütezeit ☼ Sonne ◑ Halbschatten ● Schatten

Storchschnabel
Geranium spec.

 ● ☼ ☼

Pflanzabstand: 20–40 cm

Wuchs: Bodendecker mit attraktivem Laub und charakteristischen Blüten.
Arten: Für den Schatten eignet sich der Knotige Storchschnabel (*G. nodosum*, 30–50 cm), für sonnig-trockene Plätze der Graue Storchschnabel (*G. cinereum*, 15 cm) und für sonnige bis halbschattige Plätze mit humoser Erde diverse Arten.
Pflege: Kompostdüngung immer zum Neuaustrieb im Frühjahr. Verblühtes zurückschneiden.
Extra-Tipp: Spielen Sie mit den vielen Nuancen zwischen Weiß, Rosa und Violett.

Lavendel
Lavandula spec.

 ☼

Pflanzabstand: 25–40 cm

Wuchs: Straff-aufrecht und buschig mit eleganten silbrig-grünen Blättern.
Arten: Echter Lavendel (*L. angustifolia*) wird mit Blüten etwa 65 cm hoch und duftet herrlich, genau wie der Schopf-Lavendel (*L. stoechas*), dessen Blüten zudem auffällige „Zipfelmützen" tragen.
Pflege: Im Frühjahr Kompost geben und um etwa zwei Drittel zurückschneiden. Im Sommer regelmäßig Verblühtes und die Triebspitzen entfernen.
Extra-Tipp: Nicht zu nah an nährstoffbedürftige Arten wie Rosen pflanzen: Zu viel Dünger schwächt den Lavendel.

Sonnenhut
Rudbeckia spec.

 ☼

Pflanzabstand: 50 cm

Wuchs: Buschig-aufrecht. Verblüht auch im Winter attraktiv, deshalb ruhig erst im Frühjahr zurückschneiden.
Arten: 'Goldsturm' heißt die bekannteste Sonnenhut-Sorte (*R. fulgida*, 70 cm). Das dunkle „Auge" lässt die Blütenblätter noch mehr leuchten.
Pflege: Liebt frischen, nährstoffhaltigen Boden. Zum Neuaustrieb im Frühjahr reichlich Kompost geben.
Extra-Tipp: Der gold-rotbraune Raue Sonnenhut (*R. hirta*, 80 cm) ist meist nur zweijährig, im April direkt ins Freiland säen.

Rasen-Report

Ein schöner Rasen ist noch bequemer als ein Bett im Kornfeld. Also rasch ein paar Freunde zusammengetrommelt, und schon verwandelt sich nackte Erde in einen grünen Teppich.

Am Rasen scheiden sich die (Natur-)Geister: Die einen finden ihn einfach nur langweilig, die anderen schätzen ein lückenloses, weiches Grün für herrlich faule Stunden in der Sonne oder als Spielplatz für den Nachwuchs. Fakt ist: Ein schöner Rasen braucht ein bisschen Pflege und in heißen Sommern auch regelmäßig Wasser (→ Seite 12) und ist damit aus ökologischer Sicht nicht gerade das Nonplusultra. Sowohl die Pflegeintensität als auch den Wasser- und Düngerverbrauch kann man allerdings senken, wenn

man ein paar Tricks kennt. Überzeugt? Dann los, denn im Mai ist der optimale Zeitpunkt zur Neuanlage eines Rasens.

Die richtige Mischung

Die wichtigste Entscheidung treffen Sie noch im Gartencenter, nämlich bei der Auswahl des Rasensaatguts. Hier heißt es: Finger weg von Billig-Mischungen wie dem „Berliner Tiergarten". Diese enthalten nämlich häufig minderwertige Grasarten, die nicht nur zu einem eher struppigen Ergebnis führen, sondern auch sehr schnell wachsen. Das klingt zunächst gut – aber nur so lange, bis Sie feststellen, dass Sie in der Folge mindestens zweimal wöchentlich mähen müssen, um der Grasmassen Herr oder Frau zu werden. Setzen Sie stattdessen lieber auf Mischungen, die auf das Einsatzgebiet abgestimmt sind. Verwenden Sie also einen Strapazierrasen, wenn Sie darauf regelmäßig zum Federballmatch antreten wollen, und Schattenrasen für Stellen, die mit wenig Licht auskommen müssen, dann haben Sie auch weniger Probleme mit Moos, Klee und anderen Rasenunkräutern.

Aber was heißt überhaupt Problem und Unkraut: Wenn Klee überall so super wächst, dann muss das doch nicht zwangsläufig ein Problem darstellen, es könnte genauso

Kleine Kahlstellen mit der Harke anrauen, Saatgut ausstreuen, festklopfen und angießen.

Wie oft Sie den Rasen mähen müssen, hängt auch von der ausgesäten Rasenmischung ab.

Auch Rasen braucht Dünger, am besten zwei- bis dreimal pro Saison.

gut Teil der Lösung sein! Das dachten sich zumindest einige Entwickler von Saatgutmischungen – das Ergebnis: Rasenmischungen mit sogenanntem Mikro-Klee. Von diesen besonders kleinblättrigen und dicht wachsenden Kleearten profitieren künftige Rasenbesitzer gleich doppelt. Zum einen bleibt der Rasen auch in trockenen Sommern frischgrün, zum anderen düngt sich der Klee ein Stück weit selbst: An seinen Wurzeln sitzen natürlicherweise Knöllchenbakterien, die Stickstoff aus der Luft binden können, das ist der Hauptwachstumsnährstoff. Sehr praktisch, denn dadurch muss weniger gedüngt werden.

Ist die passende Rasenmischung im Einkaufswagen, stellen Sie am besten auch noch eine Packung Startdünger mit dazu und ein paar Säcke groben Sand, falls Sie mit schwerem Boden zu kämpfen haben. Den Sand können Sie später gleich in die oberste Bodenschicht einarbeiten, wenn der Boden ohnehin einmal gelockert ist. Pro Quadratmeter rechnet man etwa 15 Liter Sand. Auf den beiden folgenden Seiten werden alle Schritte zur Neuanlage genau beschrieben. Vorher aber noch ein Tipp für alle, die eine größere Rasenfläche planen: Viele Baumärkte verleihen Geräte kostenlos gegen eine Kaution. Nutzen Sie dieses Angebot, mit einer Motorfräse zum Bodenlockern, einer Rasenwalze und einem Streuwagen für das Saatgut geht die Arbeit deutlich leichter von der Hand – und Spaß macht es obendrein.

Schritt für Schritt zum neuen Rasen

Eine Rasenneuanlage zählt schon zu den höheren Weihen der Gartenkunst. Wer sich mit Elan ans Werk macht, erhält dafür bereits nach wenigen Wochen die Lizenz zum Mähen.

DAS BRAUCHEN SIE FÜR DIE AKTION „PERFECT GREEN":

Eimer	Harke	Rasensaatgut und Startdünger	Sand	2 mit Schnüren versehene Bretter	Gartenschlauch mit Sprühdüse

> Als Erstes sammeln wir Steine, Wurzeln und Pflanzenreste vom gut gelockerten Boden ab. Ist er sehr lehmig, kann man jetzt zusätzlich groben Sand einarbeiten.

①

Der Erfolg der Rasenaussaat hängt zum einen von einer sorgfältigen Bodenvorbereitung ab, denn nur auf ebenmäßigem, feinkrümeligem Boden verteilt sich das Saatgut gleichmäßig und der Rasen wächst schön dicht. Noch wichtiger ist allerdings, dass die Aussaatfläche in den folgenden drei Wochen niemals austrocknen darf, sonst stirbt der Samen ab. Gewässert wird am besten mit einem Gartenschlauch mit Sprühdüse oder mit einem Rasensprenger, der sich auch bei Kindern großer Beliebtheit erfreut. Eben wegen der Bewässerung ist es empfehlenswert, neue Rasenflächen im Mai oder im September anzulegen – im Hochsommer müssen Sie sonst möglicherweise sogar mehrmals täglich gießen. Haben die ersten frischgrünen Halme schließlich eine Höhe von etwa 8 cm erreicht, kommt der triumphale Augenblick des ersten Mähens und des Probeliegens: Die Arbeit hat sich gelohnt!

Anschließend ziehe ich die Erde mit einer Harke glatt. Den Boden jetzt schon einmal mit der Walze oder den Trittbrettern planieren und Unebenheiten ausgleichen.

Jetzt geht's ans Aussäen. Wenn ich keinen Streuwagen habe, nehme ich eine Handvoll Rasensamen und schleudere sie aus dem Arm heraus in weitem Bogen von mir - in etwa so, als würde ich eine Frisbee-Scheibe werfen.

Ist auch der Startdünger gleichmäßig verteilt, sorge ich noch mal für guten Bodenkontakt - entweder mit den Brettern unter den Füßen oder mit der Walze.

Zum Schluss gieße ich die ganze Fläche gut an, am besten mit einem Gartenschlauch mit Sprühaufsatz, damit das Saatgut nicht fortgeschwemmt wird. Wer will, spannt zum Schutz vor Vögeln ein Netz.

47

Tipps für Greenkeeper

Ein neuer Haarschnitt, ein Peeling und zum Schluss ein leckerer Vitaminshake: Nach einem langen Winter freut sich auch der Rasen über eine kleine Frühjahrskur.

> Den Rasenmäher immer schieben, nie ziehen, sonst tritt man das Gras an einigen Stellen herunter und es gibt einen unregelmäßigen Stoppelschnitt.

Der Klassiker unter den Rasenmähern ist der Spindelmäher (→ Foto Seite 45). Er wird umweltfreundlich per Muskelkraft betrieben und ist optimal für Mini-Rasenflächen bis zu einer Grashöhe von 8 cm. Kraftpakete wie Benzin- oder Elektromäher schneiden auch höheres Gras problemlos, müssen aber regelmäßig gefüttert werden und sind nicht gerade leise. Für Anfänger sind Akkumäher besser geeignet als Elektromäher mit umständlich mitzuführendem Kabel.

Eine tolle Entwicklung der letzten Jahre sind Mulchmäher: Sie zerhäckseln die Halme besonders fein und lassen sie zurück auf den Rasen rieseln. Das spart Zeit, weil man den Fangkorb nicht ständig ausleeren muss, und Geld, da die gemulchten Flächen nicht nur besser aussehen, sondern auch nahezu ohne Dünger auskommen.

Pflege-Dreiklang

Die Faustregeln beim Mähen lauten: Gemäht wird zwischen März und Ende Oktober alle sieben Tage, in der Hauptwachstumszeit im Mai und Juni besser alle drei bis vier Tage. Mähen Sie nur, wenn der Boden abgetrocknet ist, und stellen Sie die Schnitthöhe auf 4 cm ein. Bei anhaltender Trockenheit, in schattigen Lagen und am Saisonende sind 5 cm empfehlenswert.

Nach dem Mähen geht es ans Vertikutieren (→ Foto) – wiederum entweder sportlich mit einem Handgerät oder mit einem (im Baumarkt zu leihenden) Elektro- oder Benzinvertikutierer. Der Vertikutierer ritzt die Grasnarbe an, entfernt Moos und alten Rasenfilz und lässt den Rasen einmal richtig durchatmen. Danach sieht er zwar für einige Tage furchtbar aus, erholt sich aber schnell und entwickelt sich dann umso prächtiger – besonders, wenn man ihm nach dem Abrechen des Rasenfilzes eine Portion Langzeitdünger gönnt (nach Packungsanweisung).

Beim Vertikutieren mit einem Handgerät werden Rasen und Gärtner frühlingsfit.

Schnell gemacht

BLUMENWIESE ANLEGEN:

1. Passende Bewohner wählen

Beim Anblick einer duftigen Wildblumenwiese geht
selbst eingefleischten Stadtmenschen das Herz auf –
zumal sie nur ein- bis zweimal jährlich gemäht werden
muss. Wer nun voller Tatendrang eine Blumenmischung
kauft und aussät, erzielt aber meist ein enttäuschen-
des Ergebnis. Das liegt vor allem daran, dass die
schönsten Wildblumengesellschaften auf mageren
Böden zu Hause sind, und die findet man in der Stadt
nur selten. Wer sich dennoch daran versuchen möchte, geht wie bei der Rasenneuanlage vor und arbeitet
seeehr viel Sand ein. Die bessere Alternative: Verwenden Sie gleich eine Fettwiesenmischung. Margerite,
Wiesen-Glockenblume und Co. sehen ebenfalls bezau-
bernd aus und kommen mit nährstoffhaltigeren Böden
bestens klar. Der beste Zeitraum zur Aussaat ist von
März bis Mai. In der Regel reichen 2–10 g Saatgut je
Quadratmeter. Halten Sie den Boden nach der Aussaat
mindestens drei, besser vier bis sechs Wochen stets
leicht feucht. Gemäht wird im Juni und im August.

2. Freundliche Übernahme

Wer ein bisschen Geduld hat, kann es sich noch
leichter machen und einfach ein paar fertig gekauf-
te Pflanzen in eine vorhandene Rasenfläche setzen.
Schlüsselblume, Schafgarbe und Hornklee beispielsweise sorgen für erste Farbtupfer und breiten sich mit
jedem Jahr ein bisschen mehr aus. Bei dieser Methode
ist der Erfolg geradezu garantiert – vorausgesetzt, Sie
rücken den Wiesenbewohnern nicht Woche für Woche
mit dem Rasenmäher zu Leibe. Pflanzzeit ist prinzipiell
von Anfang März bis Ende November.

1

2

Gut in Form: Heckenschnitt

Die arme Hecke, da ist sie so ein zuverlässiger Sichtschutz und wird trotzdem zurechtgestutzt ...
Aber keine Sorge, sie nimmt es Ihnen nicht übel, wenn Sie mit der Schere anrücken, im Gegenteil.

Für einen regelmäßigen Rückschnitt sind die meisten Hecken sogar ausgesprochen dankbar, denn er hält sie jung und vital – und wer möchte das nicht sein. Das erste Mal kann man bereits zwischen Mitte Februar und Anfang März die Schere zücken. Um nicht versehentlich einen besonders frühen geflügelten Häuslebauer zu vertreiben, sollten Sie vorher nach Vogelnestern Ausschau halten. Generell sind größere Schnittmaßnahmen oder gar das Roden von Hecken zwischen dem 1. März und Ende September aus Vogelschutzgründen verboten, ein moderater

Formschnitt ist aber erlaubt. Für kleinere Hecken langt eine Handschere vollkommen, wer ein paar Meter mehr aufzuweisen hat, für den lohnt sich die Anschaffung einer Benzin-, Elektro- oder Akku-Heckenschere.

Ran ans Trapez

Das Wichtigste beim Schnitt ist die richtige Form: Eine akkurate Kastenform kommt nur für wenige Gehölzarten infrage, beispielsweise für die Hainbuche. Immer richtig liegen Sie mit einem sich nach oben verjüngenden Trapez (→ Zeichnung). Dadurch bekommt auch der untere Gehölzbereich genügend Licht und man verhindert, dass die Hecke mit der Zeit am Fuß verkahlt. Laubhecken vertragen prinzipiell einen stärkeren Rückschnitt als solche aus Nadelgehölzen wie Thuja. Wer ein solches Monster geerbt hat, sollte es maximal so weit zurückschneiden, dass die Zweige dahinter noch frischgrüne Nadeln tragen. Nach dem Frühjahrsputz erfolgt um den Johannistag am 24. Juni herum ein zweiter Rückschnitt. Jetzt nimmt man etwa zwei Drittel des Neuaustriebs zurück, den Sie an der frischgrünen Farbe gut erkennen können. Übrigens: Viele Städte holen das Schnittgut kostenlos ab – wenn Sie nicht ohnehin selbst Holzhäcksel daraus machen wollen (→ Seite 131).

Entlang der gespannten Schnur schneidet sich's leichter gerade.

Schnell gemacht

- -

BUCHS VERMEHREN:

Aus dem „Abfall" nach dem Rückschnitt im Juni (bei Nadelgehölzen nach dem Frühjahrsschnitt) kann man beispielsweise Buchs, Eibe und Lavendel ganz leicht selbst vermehren.

1. Gefühlvolles Entblättern
Aus dem Schnittgut schneidet man 8–10 cm lange Teilstücke und streift jeweils im unteren Drittel die Blätter ab. Aus längeren Zweigen kann man mehrere Stecklinge gewinnen.

2. Ab in die Erde
Dann steckt man die Zweige mit dem entblätterten Bereich in mit Sand vermischte Erde.

3. Wasser gibt den Startschuss
Die Erde um die Stecklinge herum leicht andrücken und angießen. An einem halbschattigen Platz in stets leicht feuchter Erde bilden die Stecklinge in wenigen Monaten Wurzeln.

Grünpatenschaften – Guerilla-Gardening 2.0

Heimliche Stadtbegrüner wagen sich in München aus dem Untergrund: Ein Pakt mit Anwohnern und Behörden soll dafür sorgen, dass die kreativen Bepflanzungen nachhaltig Bestand haben.

Guerilla-Gardening ist derzeit in aller Munde: Wenn es dunkel wird in den Großstädten, sieht man gelegentlich mit Spaten und Pflanzen bewaffnete Begrünungstrupps durch die Häuserschluchten schleichen, um in Nacht- und Nebelaktionen hässliche Randstreifen oder sterile Rasenflächen aufzupeppen. Mit Samenbomben fing alles an, kleinen, mit Blumensamen gespickten Lehmkugeln, die man im Vorübergehen unauffällig auf ein ödes Stück Erde wirft. Mittlerweile hat sich die Bewegung weiterentwickelt und dazugelernt, wie das Beispiel der „Grünpaten München" vom Verein Green City zeigt.

Blüten statt nackter Erde

Die 28-jährige Miriam machte im Juni erstmals mit – und ist begeistert: „Eine Freundin hat mir den Link zur Pflanzaktion in der Franz-Joseph-Straße geschickt. Ich habe zu Hause schon viele Kräuter, und es macht einfach riesig Spaß, etwas selbst heranzuziehen." Auch die Gemeinschaftsgärten im Ökologischen Bildungszentrum München hat sie sich schon angesehen, nun ist das Guerilla-Gärtnern dran. Wobei, was heißt Guerilla, schließlich findet die Aktion bei strahlendem Sonnenschein in aller Öffentlichkeit statt – ist das nicht witzlos? „Hm, also ich finde das ja eigentlich ganz gut, wenn die Anwohner mitbekommen, wie sich so ein langweiliger Grünstreifen in ein tolles Beet verwandelt", meint Miriam. „Da fühlen sie sich vielleicht auch ein bisschen mehr verantwortlich für das, was hier entsteht." Genau das sei auch der Grund, warum die Grünpaten den Schritt aus dem gärtnerischen Untergrund gemacht hätten, erklärt Sébastien Godon von Green City, der selbst als Guerrilla-Gardener anfing: „Etwas heimlich zu pflanzen, hat natürlich einen besonderen Reiz, aber da sich nach den Aktionen niemand mehr um die Pflanzungen gekümmert hat, waren die schönen Ergebnisse bald wieder dahin." Die Grünpaten haben deshalb einen neuen Weg beschritten – mit Erfolg: „Wir binden die Anwohner bei Pflanzaktionen aktiv mit ein, erklären, was wir planen und überlegen gemeinsam mit ihnen, wer zum Beispiel abwechselnd das Gießen übernehmen könnte. Das hat den

Der 1990 gegründete Verein Green City verfolgt mit vielen verschiedenen Aktionen das Ziel, mehr Grün in die Stadt zu bringen, und setzt sich für ein soziales Miteinander ein. Neugierig? Mehr dazu unter www.greencity.de.

Vorkenntnisse braucht hier niemand, aber keiner geht ohne viele neue Erfahrungen nach Hause: Sébastien hat uns erklärt, worauf wir beim Pflanzen achten müssen - ist nicht schwer und macht riesig Spaß.

Unsere Pflanzaktionen erregen Aufsehen: Immer wieder bleiben Passanten stehen, und Anwohner fragen, was wir da eigentlich treiben

Dieser Grünstreifen war ziemlich verwahrlost, nun wird man hier von bunten Blumen begrüßt. Wenn die Anwohner jetzt noch regelmäßig gießen, sieht man bald keine Erde mehr.

schönen Nebeneffekt, dass sich dabei ganz unterschiedliche Leute aus dem Quartier kennenlernen und das neue Beet schnell ein Treffpunkt für die Nachbarschaft wird."

Viel positives Feedback

Auch in der Franz-Joseph-Straße war das Interesse groß, erzählt Miriam: „Eine Frau ist extra vom Fahrrad abgestiegen und hat gefragt, was wir hier machen. Als ich ihr das erklärt habe, war sie ganz begeistert und meinte, ob wir nicht auch mal bei ihr vorbeikommen könnten." Positive Kommentare begleiten die Grünpaten bei allen ihren Pflanzaktionen. Bei Kaffee, Limo und Brezeln kommt man schnell ins Gespräch oder kann über neues Pflanzenwissen fachsimpeln – denn das kommt von ganz alleine. „Anfangs haben wir irgendwas irgendwohin gepflanzt

und uns dann gewundert, wenn es trotz regelmäßigem Gießen nicht richtig wachsen wollte", erzählt Sébastien. „Mittlerweile haben wir uns schlaugemacht und wissen, welche Pflanzen zum Beispiel im trockenen Schatten gut gedeihen." Diese Umsicht beeindruckte auch die Stadt: Dafür, dass die Grünpaten die Flächen für ihre Aktionen gemeinsam mit dem Baureferat auswählen und die langfristige Pflege der Pflanzungen organisieren, bekommen sie eine offizielle Bepflanzungsgenehmigung und kostenlose Pflanzen – ein Deal, von dem alle profitieren.

SOMMER

DER SOMMER IST DA! ÜBERALL **GRÜNT UND BLÜHT** ES, BEI TEMPERATUREN OBERHALB DER 30-GRAD-MARKE GIESSEN WIR ABWECHSELND DIE BLUMEN UND UNS SELBST. AUCH DER GENUSS KOMMT NICHT ZU KURZ: BEIM **GRILLEN** MIT FREUNDEN WERDEN STOLZ ZUCCHINI, TOMATEN UND ANDERE LECKEREIEN **AUS EIGENEM ANBAU** PRÄSENTIERT.

Achtung, fertig – gärtnern!

	1 Das macht besonders Spaß	**2** Das ist schweißtreibend

Juni

BUCHS **IN FORM** BRINGEN: OB KUGEL, KE- GEL ODER GUMMIBÄRCHEN, VERSUCHEN SIE SICH DOCH MAL ALS BILDHAUER.

Unkraut jäten gehört nicht zu den Lieblingsaufgaben, aber am Ball bleiben lohnt sich.

Juli

Im Wasser planschen – sei es im See, im Schwimmbad oder mit den Füßen in der Babybadewanne.

WRRRUMMM

RASENMÄHEN IST EIN SUPER **FITNESSTRAINING** – AM BES- TEN VORMITTAGS ODER AM SPÄTEN NACHMITTAG, WENN DIE SONNE NICHT SO KNALLT.

August

Einfach mal fünfe gerade sein lassen und auf der Sonnenliege entspannen.

ALLES – aber wir lieben ihn trotzdem, den

SUMMER IN THE CITY

3   Das kann man jetzt genießen

MÖHREN, KOHLRABI ODER SALAT, DER KORB IST IM JUNI IMMER RANDVOLL.

Kirschen!!!
Vielerorts kann man die sinnlichsten aller roten Früchtchen selber pflücken.

TOMATEN ODER HIMBEEREN, SIE KÖNNEN SICH NICHT ENTSCHEIDEN? DANN NEHMEN SIE DOCH EINFACH BEIDES.

4   Bloß nicht vergessen

SOMMERBLUMEN UND ROSEN REGELMÄSSIG **AUSPUTZEN**, DAMIT SIE VIELE NEUE BLÜTEN BILDEN.

BESONDERS TOMATEN, GURKEN UND ZUCCHINI IN TÖPFEN BRAUCHEN VIEL WASSER UND REGELMÄSSIG DÜNGER.

Urlaubsvertretung fürs Gießen organisieren, sonst ist die Pracht nach den Ferien dahin.

5   Das können Sie mit anderen teilen

BIENEN, SCHMETTERLINGE UND ANDERE INSEKTEN FREUEN SICH ÜBER **NEKTARREICHE BLÜTEN**, ETWA VON SOMMERFLIEDER, PURPURSONNENHUT ODER KRÄUTERN.

Von vielen Kräutern wie Rosmarin oder Lavendel können Sie jetzt Stecklinge schneiden und in kleinen Töpfchen mit Erde bewurzeln lassen. Ein hübsches **Mitbringsel** für Freunde.

WAS WÄRE EIN SOMMER OHNE ZÜNFTIGE **GARTENPARTY**: LADEN SIE SICH FREUNDE UND MITGÄRTNER EIN UND FEIERN SIE DAS LEBEN.

Hemmungsloser Blütenspaß

Nach den Eisheiligen Ende Mai ist es endgültig vorbei mit der Zurückhaltung: Nachdem die Spätfrost-gefahr gebannt ist, dürfen jetzt auch wärmeliebende Pflanzen das Open-Air-Feeling genießen.

Bühne frei heißt es nun für Hibiskus, Oleander, Pfeifenputzer und andere exotische Schönheiten, die mediterranes Flair oder einen Hauch Südseezauber auf den Balkon und in den Hinterhof bringen. Stellen Sie sie anfangs an einen halbschattigen Platz, damit sie sich an die Sonne gewöhnen können. Jetzt ist auch noch Zeit, Kübelpflanzen, die bereits seit zwei bis drei Jahren nicht mehr umgetopft wurden, mit einem etwas größeren Topf und frischer Erde zu versorgen.

Kleine Kraftpakete

Zu den Sonnenanbetern, die nun endlich ihren Platz in Beeten oder Kübeln einnehmen können, gehören nicht zuletzt viele Knollenpflanzen. Die imposanten Dahlien etwa, die je nach Sorte schon von Juli an bis zum ersten Frost ihre farbenfrohen Blüten-bälle und -sterne präsentieren. Drei bis vier Handvoll Sand im Pflanzloch verbessern den Wasserabzug und beugen dadurch Fäulnis vor. Die keulenförmigen Speicherorgane kommen so tief in den Boden, dass der Wur-zelhals – der Strunk des alten Stiels – etwa 5 cm unter der Erdoberfläche liegt (→ Foto). Er sollte unbedingt nach oben zeigen: Es kostet die Pflanze viel Zeit und Kraft, sich neu zu orientieren und einmal um die eigene Knolle herum zu wachsen.

Genauso verfahren Sie mit Gladiolen, Knollenbegonien und dem eindrucksvollen Indischen Blumenrohr. Übrigens: Im ersten Jahr gehen Gartenanfänger bei allem lieber auf Nummer sicher. Um sich aber in Zukunft noch früher an den ersten Blüten der genannten Knollenpflanzen erfreuen zu können, können Sie Dahlien und Co. im nächsten Jahr schon ab April/Anfang Mai in Töpfen vortreiben – also ganz normal ein-

Aus den unscheinbaren Dahlienknollen entwickeln sich üppig blühende Pflanzen.

pflanzen und bei drohenden Spätfrösten im Haus an einem hellen, mäßig warmen Platz Asyl gewähren. Ausgepflanzt werden sie dann ebenfalls nach den Eisheiligen. Dann können sie sich gleich ein Kopf-an-Kopf-Rennen mit schnell wachsenden Sommerblumen liefern, die jetzt direkt ins Beet gesat werden und einem blütenreichen Auftritt entgegensprinten. Die Samen von Ringelblumen, Schmuckkörbchen und vielen anderen Einjährigen verteilen Sie breitflächig auf dem Beet – oder im Kübel –, harken sie flach in die Erde ein und gießen sie gut an. Große Samen wie von Sonnenblumen säen Sie in Dreiergrüppchen aus und lassen später jeweils nur den kräftigsten Sämling stehen (die anderen können Sie umpflanzen).

Energie für die Blüte

Während die Sommerblumen jetzt erst richtig loslegen, haben Tulpen, Narzissen und andere Frühjahrsblüher sich schon einmal richtig verausgabt und dürfen sich bis zum nächsten Jahr guten Gewissens eine Auszeit nehmen. Damit die auch wirklich erholsam wird, können Sie Verblühtes entfernen, wodurch die Pflanzen nicht unnötig Kraft in die Samenbildung stecken. Die Blätter hingegen sollten Sie unbedingt stehen lassen, auch wenn sie allmählich gelb werden: Die Pflanzen ziehen nun nach und nach die Nährstoffe aus den Blättern und speichern sie als Kraftstoffvorrat fürs nächste Jahr in ihren Zwiebeln. Werden die Blätter abgeschnitten, ehe sie richtig vertrocknet sind, beraubt man die Pflanzen dieser Reserve und die nächste Blüte fällt entsprechend schwächer aus.

Blumenwiese to go: Sommerblumen gedeihen auch in Töpfen und Kisten.

Kleine Töpfe kann man ins Freie tragen, bei großen Kübelpflanzen hilft eine Sackkarre.

59

Sichtschutz: Willkommen im V.I.P.-Bereich

Ob Wind und Sonne stören oder die neugierigen Blicke des selbst ernannten Wohnblock-Wachtmeisters: Für alle Fälle gibt es fantasievolle Lösungen. So wird der Sichtschutz selbst zum Hingucker.

Info

Wer auf dem Balkon keinen Platz für einen Sonnenschirmständer verschwenden will, kauft eine Halterung fürs Balkongeländer.

Sonnenschirme zählen natürlich nicht umsonst zu den Klassikern: Sie können nach Bedarf auf- und zugeklappt werden und schützen zudem vor Blicken von umgebenden Balkonen. Auch Sonnensegel haben angenehme Schattenseiten, wirken freundlich und modern und lassen sich flexibel aufspannen. Aber natürlich können Sie auch mit Pflanzen für Privatsphäre sorgen. Im Garten hält eine Hecke aus Blüten- und Wildobststräuchern Sonne und Wind ab und bietet vielen Tieren Nahrung und Zuflucht. Im Hof gibt Bambus im Kübel einen prima

Sichtschutz ab und wandert dank Rolluntersetzer einfach mit der Sonne mit. Sogar fertig gezogene Hecken in Rollcontainern kann man mittlerweile kaufen.

Sichtschutz für alle Fälle

Preisgünstiger und auch für kleine Balkone geeignet ist ein Sichtschutz aus Schling- und Kletterpflanzen. Vor allem viele einjährige Arten wie die Wicke oder die Schwarzäugige Susanne sind anspruchslos: Sie gedeihen in jedem Blumenkasten und schmücken hässliche Maschendrahtzäune und langweilige Garagenwände innerhalb weniger Wochen mit prachtvollen Blüten. Rankhilfen gibt es fertig zu kaufen, es genügen aber oft schon ein paar gespannte Schnüre oder an der Wand befestigter Hasendraht. Wein kommt ganz ohne Rankhilfe aus.
Ein Geheimtipp für Bastler ist ein Sichtschutz aus Weiden- oder Haselnussruten (→ Kasten). Verwendet man anstelle getrockneter Weidenruten frische Exemplare, dann treiben sie wieder aus, wenn man sie in feuchte Gartenerde steckt. Dadurch entstehen im Nu blickdichte, grüne Zäune, Tunnel und Zelte. Frisch geschnittene Ruten erhält man den Winter über bis März – bei Naturschutzvereinen oder über das städtische Gartenamt oft sogar kostenlos.

Mit guter Rückendeckung lässt sich der Sommer in vollen Zügen genießen.

Schnell gemacht

SICHTSCHUTZ BASTELN:

1. Grundgerüst errichten
Beginnen Sie mit Eisenstangen (aus dem Bau-markt), die Sie senkrecht in den Boden oder in einen mit Erde gefüllten Kasten schlagen. Dicke Weidenruten oder Bambusstäbe erfüllen denselben Zweck. Je größer der Sichtschutz werden soll, desto stabiler sollte der Kasten sein und desto tiefer müssen die Eisenstangen in der Erde stecken.

2. Querverbindung schaffen
Jetzt flechten Sie die erste Rute als oberste Querverbindung ein und binden sie mit Draht oder einer Schnur an jeder Eisenstange fest.

3. Weidenweber bei der Arbeit
Nun führen Sie die Ruten waagerecht immer abwechselnd vor und hinter den senkrechten Ruten vorbei. Das ergibt auch unbegrünt schon einen hervorragenden Sichtschutz.

Best of Kletterpflanzen – die gelingen immer

Feuerbohne
Phaseolus coccineus

J F M A M J J A S O N D ◐ ☀

Saattiefe: 3 cm | Pflanzabstand: 30 cm

Wuchs: Trägt attraktive große Blätter und feuerrote oder weiße Blüten. An Stangen, gespannten Seilen oder sonstigen Kletterhilfen schlingt sich die einjährige Pflanze je nach Sorte 2–4 m in die Höhe.

Pflege: Benötigt viel Feuchtigkeit. 20 cm große Jungpflanzen bis zum ersten Blattpaar mit Erde anhäufeln.

Extra-Tipp: Die Schoten sind gekocht essbar. Etwa ab August kann man sie ernten. Wer möglichst viele Blüten bevorzugt, knipst den Sommer über Verblühtes regelmäßig aus.

Duftwicke
Lathyrus odoratus

J F M A M J J A S O N D ◐ ☀

Saattiefe: 4 cm | Pflanzabstand: 20 cm

Wuchs: Die Einjährigen erobern Zäune und Kletterhilfen im Nu mit ihren bis zu 2 m langen Ranken. Sie tragen filigranes Laub und auffällige ein- oder mehrfarbige Blüten in Weiß, Violett, Pink und Pastelltönen.

Pflege: In frischer Blumenerde ist keine Düngung notwendig, ansonsten reicht die Gabe von etwas Kompost. Regelmäßig gießen. Im darauffolgenden Jahr nicht in dieselbe Erde bzw. an dieselbe Stelle pflanzen.

Extra-Tipp: Regelmäßiger Schnitt für Sträuße regt die Blütenbildung an.

Schwarzäugige Susanne
Thunbergia alata

J F M A M J J A S O N D ◐ ☀

Saattiefe: 0,5 cm | Pflanzabstand: 40 cm

Wuchs: Um das dunkle Auge der bis zu 2 m großen Schlingpflanzen gruppieren sich sonnengelbe Blüten. Relativ neu sind Sorten in Pastelltönen von Apricot bis Creme wie 'African Sunset' oder in Weiß wie 'Susie White Black Eye'.

Pflege: Regelmäßig gießen, aber Staunässe vermeiden. Wöchentlich mit Flüssigdünger versorgen.

Extra-Tipp: Sehr hübsch an selbst gebastelten Rankobelisken. Dafür drei bis fünf Bambusstäbe in einen Topf stecken und zeltförmig zusammenbinden.

■ = Vorkultur ■ = Aussaat ■ = Pflanzung ■ = Blütezeit ☀ Sonne ◐ Halbschatten ● Schatten

Geißblatt
Lonicera spec.

Pflanzabstand: 80 cm

Wuchs: Geißblätter sind mehrjährig. Das langsam wachsende Feuer-Geißblatt (*L. × heckrottii*) hat mit nur 3 m Wuchshöhe einen geringeren Platzbedarf als viele andere Arten und bildet viele duftende Blüten zu frischgrünem Laub.
Pflege: Ein Pflanzgefäß sollte mindestens 15 Liter fassen. Im März um die Hälfte zurückschneiden. Im April, Juni und Anfang August mit Kompost versorgen.
Extra-Tipp: Viele Geißblattarten verströmen ein zartes Parfum. Das Immergrüne Geißblatt (*L. henryi*) ist zudem auch im Winter ein schöner Anblick.

Trompetenblume
Campsis radicans

Pflanzabstand: 100 cm

Wuchs: Je nach Sorte 2–5 m hoch. Über dem gefiederten Laub erscheinen üppige Rispen trompetenförmiger Blüten in Gelb, Orange oder Rot.
Pflege: Auch für Pflanzgefäße ab einem Fassungsvermögen von 15 Litern. In den ersten Jahren ist ein Klettergerüst sinnvoll. Im Frühjahr mit Kompost düngen. Warm und geschützt stellen, im Winter den Fuß mit Tannenzweigen abdecken und den Topf in Noppenfolie einpacken.
Extra-Tipp: Anfang April auf die gewünschte Höhe zurückschneiden – das regt Verzweigung und Blütenbildung an.

Wilder Wein
Parthenocissus spec.

Pflanzabstand: 100 cm

Wuchs: Wilder Wein (*P. quinqefolia*) wächst jährlich um die 150 cm und kann bis zu 20 m groß werden. Die Jungfernrebe (*P. tricuspidata*, z.B. 'Veitchii') bleibt mit 8–12 m etwas kleiner. Spektakuläre Herbstfärbung und blauschwarze (ungenießbare) Beeren.
Pflege: Ein Pflanzgefäß sollte mindestens 15 Liter fassen. Durch Rückschnitt auf gewünschter Höhe halten. Kompostdüngung im Frühjahr.
Extra-Tipp: Brauchen kein Gerüst, da sie mit Haftscheiben ranken. Nur an intaktes Mauerwerk setzen, Vermieter fragen!

Pflege lohnt: Objekt in voller Blüte

Von den ersten Erfolgserlebnissen beflügelt, geht es auf in die nächste Runde. Jetzt heißt: Es am Ball bleiben, dann haben nicht nur Kletterpflanzen eine steile Karriere vor sich.

Das wichtigste Arbeitsgerät im Sommer ist die Gießkanne beziehungsweise der Gartenschlauch: Lieber täglich kontrollieren, ob bereits Pflänzchen schwächeln, als sich im Nachhinein über Verluste ärgern. Wer im Freiland gartelt, kann die Bewässerung etwas entspannter angehen, da die Pflanzen hier auf größere Wasserreserven zurück-

Auf frisch gehackten Flächen lassen sich Unkräuter leichter herausziehen oder bilden sich gar nicht erst.

greifen können. Außerdem gibt es ein paar Tricks, mit denen man das Gießen ein wenig hinausschieben kann. Der Verbündete des Gärtners ist dabei ein Gerät, das ob seiner unauffälligen Erscheinung oft grandios unterschätzt wird: die Hacke. Das Prinzip ist einfach: Wer regelmäßig zwischen den Gemüsereihen und zwischen Stauden und Sommerblumen die oberste Erdschicht aufreißt, bekommt dadurch nicht nur wunderbar feinkrümeligen Boden, er unterbricht auch die feinen Kanäle, die sich das Wasser beim Gießen gegraben hat. Dadurch kann das Restwasser im Boden nicht mehr ungehindert an der Oberfläche verdunsten, und die Pflanzen freuen sich über länger anhaltende Wasservorräte. Ganz nebenbei erzittern Unkrautsämlinge schon beim Anblick der Hacke und trauen sich nach einigen Wochen regelmäßiger Bodenbearbeitung erst gar nicht mehr an die Erdoberfläche.

Allroundtalent Mulch

Auch durch Mulchen kann man erfreuliche Synergieeffekte zwischen Wassersparen und Unkrautbekämpfung erzielen. Die Abdeckung aus Pflanzenmaterialien sorgt dafür, dass an der Bodenoberfläche ein ausgeglichenes Klima herrscht und weniger Wasser verdunstet. Womit man mulcht, hängt vom

Sehr praktisch: Geranienblüten haben eine Art Sollbruchstelle – knick und weg.

Welke Rosenblüten schneidet man knapp über dem ersten fünfblättrigen Laubblatt ab.

Einsatzgebiet ab: Mit einer 2 cm dicken Schicht angetrocknetem Rasenschnitt kann man zum Beispiel zwischen den allzeit hungrigen Rosen mulchen, da er viele Nährstoffe freisetzt. Unter Erdbeerpflanzen ist eine 15 cm hohe Lage Stroh sinnvoll, die die Beeren vom Boden fernhält. Achtung, der häufig verwendete Rindenmulch ist nur empfehlenswert, wenn Sie vorher 50 g Hornspäne je Quadratmeter Beetfläche ausstreuen, da er Nährstoffe im Boden bindet. Dann lieber gleich 15 cm hoch nicht ganz reifen Kompost auf dem Beet verteilen. In dieser Stärke macht die Schicht zudem den Unkrautsämlingen das Leben schwer: Noch mal 15 cm mehr bis zum Licht, och nö ...

Herausgeputzt

Wer beim Gießen die Augen offenhält, sieht nicht nur, ob alle Pflanzen gesund sind, sondern auch, was an sonstigen Pflegearbeiten ansteht. Kletterpflanzen etwa muss man gelegentlich anbinden, wenn sie nicht von selbst Halt am Gerüst gefunden haben. Und Balkonblumen sollten regelmäßig ausgeputzt werden, damit sie viele neue Blüten bilden und wieder richtig chic aussehen. Dazu knipst man den welken Blütenstand zusammen mit ein paar Blättchen ab, und zwar über einem Blattpaar, aus dessen Achseln sich dann wieder neue Triebe bilden können (→ Fotos).

Auch in größeren Pflanzgefäßen lockere ich die Erdoberfläche an freien Stellen von Zeit zu Zeit – mit einer Handhacke oder in kleinen Töpfen mit einer Gabel.

Info

Nicht vergessen:
Die Woche um den
Johannistag am
24. Juni ist optimal
für den Sommer-
schnitt von Hecken
und Buchskugeln
(→ Seite 50).

Mehr Blütenpower

Zu ihrem eigenen Wohl geht es nun auch einigen Stauden mit nachlassender Blühkraft
an den Kragen: Rittersporn, Glockenblume,
Schafgarbe, Katzenminze und viele andere
Schönheiten blühen nach vier bis sechs
Wochen Pause ein zweites Mal, wenn Sie
sie direkt nach der Blüte etwa 15 cm über
dem Boden abschneiden (→ Foto). Auch
bei Frauenmantel und Storchschnabel lohnt
sich die Radikalkur: Zwar ist eine Nachblüte
eher Glückssache, aber die Pflanzen treiben
nach dem Kurzhaarschnitt gesundes, schön
kompakt wachsendes Laub.

Stauden, die hoch hinauswollen, sollten
Sie im Übrigen beizeiten mit Stützen (→
Foto) aus Metall, Kunststoff oder mit selbst
gebastelten Exemplaren aus Weidenruten
versehen: Sie bieten Dahlien, Eisenhut
oder Türkischem Mohn Halt und verhindern,
dass die Blütentriebe abknicken. Falls das
dennoch mal passieren sollte: Nicht ärgern,
sondern ab damit in die Vase. Tipp: Besonders lange halten Blumen, die am frühen
Vormittag geschnitten wurden, wenn der Tau
gerade abgetrocknet ist. Stiele mit einem
scharfen Messer schräg anschneiden, im
unteren Bereich entblättern und in Wasser
mit Blumenfrischhaltemittel stellen.

Zu guter Letzt können Sie im Sommer bereits
die nächste Blütensaison vorbereiten, indem
Sie Zweijährige säen: Stockrosen, Marien-
glockenblumen und einige andere Arten
bilden im Jahr nach der Aussaat nur eine
Blattrosette und blühen erst im zweiten –
dann aber umso prächtiger.

Senkrechtstarter und Arten mit üppigen Blüten sind für eine Stütze dankbar.

Ein Rückschnitt nach der Blüte verhindert auch, dass sich ver-samungsfreudige Arten wie die Akelei zu sehr ausbreiten.

Schnell gemacht

BLUMENSAMEN ERNTEN:

1. Papiertütchen basteln

Von vielen Sommerblumen und Stauden kann man ganz leicht Samen gewinnen. Am besten schon vorher Papiertütchen basteln und beschriften, auch Pausenbrottütchen und leere Filmdosen sind gut geeignet. Saatgut sollte kühl und trocken lagern. Ernten Sie nur Samen von „samenechten" Sorten (Gemüseporträts → Seite 32/33 u. 78/79), das sind solche, bei denen die Nachkommen dieselben Eigenschaften wie die Elterngeneration haben. Bei sogenannten F1-Hybriden lohnt sich die Samenernte nicht: Diese Sorten sind zwar besonders leistungsstark, verlieren ihre positiven Eigenschaften aber in der nächsten Generation. Um das F1-Saatgut zu erhalten, müssen die Saatgutanbieter die Elternsorten daher jedes Jahr neu kreuzen.

2. Samen gewinnen

Wenn die Samenstände fast vollständig getrocknet sind, zieht man an einem sonnigen, trockenen Tag zur Ernte los. Bei Mohnkapseln entfernt man das Deckelchen und klopft die Samen in die Hand oder direkt in die beschriftete Tüte. Wickenschoten bricht man auf und pult die Samen heraus. Die Samen von Ringelblumen und Stockrosen sitzen wie ein in Scheiben geschnittener Gugelhupf in der Samenhülle und sollten sich leicht herauslösen lassen. Wer Angst hat, dass sich die Samen vor der Ernte im Garten verteilen, pflückt die Samenstände, wenn sie noch nicht ganz trocken sind, und lässt sie an einem warmen trockenen Platz einige Tage nachreifen. Bei Pflanzen wie dem Storchschnabel, die reife Samen wegschleudern, bindet man kleine Säckchen aus Gaze um die heranreifenden Samenstände.

Bewässerung: Tropfen für Tropfen zum Erfolg

Sommerzeit ist Urlaubszeit – und damit eine Zeit, die frisch gebackene Grünaktivisten ganz schön in Verlegenheit bringen kann: Wer kümmert sich um die Pflanzen, wenn ich nicht da bin?

Schließlich wäre es extrem schade, wenn sich die liebevoll hochgepäppelten Pflänzchen in Trockengestecke verwandeln würden. Die einfachste Lösung: Engagieren Sie Nachbarn oder Freunde als Pflanzensitter. Kleiner, aber gemeiner Haken: Während man selbst auf gutem Wege vom Greenhorn zum Green Thumb ist, haben die hilfsbereiten Mitmenschen möglicherweise noch nicht vom Baum der Erkenntnis genascht. Deshalb kann es ihnen niemand verübeln, wenn sie in aller Unschuld erst einmal fünf Tage verstreichen lassen, ehe sie mit der Gießkanne anrücken – oder aber Kanne um Kanne über den hilflosen Pflänzchen ausschütten. Ergo: Detaillierte Anweisungen hinterlassen, am besten schriftlich, und sich später mit einem Grillabend bedanken.

Mit doppeltem Boden

Alternativ dazu kann man seine grünen Mitbewohner den Errungenschaften von Wissenschaft und Technik anvertrauen, die auch außerhalb des Urlaubs das Leben erleichtern. Eine feine Sache sind beispielsweise Pflanzgefäße mit integriertem Wasserspeicher: Sie haben einen doppelten Boden, aus dem sich die Pflanzen nach Belieben bedienen können. Dank Wasserstandsanzeiger erkennt man, wann über den Einfüllstutzen nachgetankt werden muss. Achtung: In den ersten Wochen müssen Sie noch normal gießen, da die Pflanzen mit ihren Wurzeln erst am Wasserreservoir angelangen müssen. Pflanzgefäße ohne Wasserspeicher können Sie mit Wasserspeichermatten nachrüsten, die vor dem Befüllen mit Erde in den Kasten oder Kübel gelegt werden und ein Vielfaches ihres Eigengewichts an Wasser aufsaugen können. Für Kurzurlaube übers Wochenende reicht diese Versorgung in der Regel aus – im Gegensatz zu den winzigen Bewässerungskugeln, die im Handel erhältlich sind: Für

Dank Selbstbedienungstankstelle fühlen sich Topfpflanzen auch im Urlaub pudelwohl.

Einmal angewachsen, werden die Pflanzen vorwiegend über den Wasserspeicher versorgt.

Mit Bewässerungsspikes verwandeln sich einfache Kunststoffflaschen in Wasserspender.

Zimmerpflanzen im kühlen Haus – ja. Für durstige Balkonbewohner und Hinterhöfler – nein, da müssen Sie schon zur großen Variante greifen und ganze Wasserflaschen umgedreht in die Erde stecken. Besonders leicht geht's mit Bewässerungsspikes (→ Foto, Bezugsquellen → Seite 154).

Wasser zum Selberzapfen

Eine weitere Variante der Pflanzen-Selbstzapfanlage: Stellen Sie einen mit Wasser gefüllten Eimer neben die Pflanzen und hängen Sie das Ende eines feuchten Stoffstreifens hinein, das andere Ende drücken Sie fingertief in die bereits feuchte Blumenerde. Die Edel-Variante aus Tonkegeln und Schläuchen gibt es bereits fertig zu kaufen (→ Foto links). Getoppt wird sie nur noch von einer professionellen Tropfbewässerung, die an den Wasserhahn angeschlossen wird und die Pflanzen vollautomatisch mit kleinen Wasserdosen versorgt – kontinuierlich oder mithilfe einer Zeitschaltuhr. Letztere kommt

auch bei einigen Rasensprengern zum Einsatz und ist insofern sehr praktisch, als man so den optimalen Gießzeitpunkt um vier Uhr morgens doch noch nutzen kann. Gibt's nebst Anleitung alles im Gartencenter. Zuletzt noch ein Tipp für alle Zeitgenossen mit Südlagen, die vor lauter Bewässerung schon kein Land mehr sehen: Setzen Sie auf hitzeresistente Pflanzen, die von vornherein wenig Wasser brauchen. Sie sind an charakteristischen Merkmalen zu erkennen: Eine silbrig-graue Bereifung wie bei Lavendel, Currykraut oder Blauraute etwa reflektiert effektiv das Sonnenlicht. Die ledrigen kleinen Blätter bieten zudem nur wenig Verdunstungsfläche. Eine ähnliche Strategie fahren auch Rosmarin und Oleander, noch übertroffen von Edeldistel und Yucca mit ihren starren, harten Blättern. Fetthenne, Mittagsblumen, Pelargonien und Kapkörbchen hingegen haben sich besonders fleischige Blätter zugelegt, in denen sie genug Wasser speichern können, um auch längere Trockenperioden heil zu überstehen – sehr vernünftig.

Düngen: Futter für Vielfraße

Wachsen und blühen kostet Energie – kein Wunder, dass Kübelpflanzen und Co. in den Sommermonaten nach Nährstoffen lechzen, schließlich bringen sie jetzt Höchstleistungen.

> Damit den Mikroorganismen bei anhaltender Trockenheit nicht die Puste ausgeht, bekommt der Komposter eine Bastmatte als Sonnenschutz.

Freilandgärtner haben's gut: Bodenlebewesen stellen durch die Umwandlung von Pflanzenresten ständig neue Nährstoffe bereit. Lediglich Rosen erhalten Mitte Juni pro Pflanze ein paar Handvoll Kompost und eine halbe Handvoll Hornspäne, die mit dem Grubber in die Erde eingearbeitet werden. Auch Kürbisse und Tomaten freuen sichüber eine Extra-Ration, Dahlien erhalten etwa einen Esslöffel Hornspäne pro Pflanze. Mineralische Dünger wie viele Flüssigdünger und organische wie Kompost und Hornspäne haben alle ihre Berechtigung: Mineralische Dünger sind exakt dosierbar und schnell pflanzenverfügbar, bei organischen Düngern kann der Nährstoffgehalt schwanken, dafür versorgen sie die Pflanzen über längere Zeit und verbessern die Bodenstruktur. Übrigens: Auch der Komposthaufen braucht manchmal Wasser (→ Tipp und Foto).

Diät für Kübelpflanzen

Topfgärtner, die von Beginn an zu Flüssigdünger gegriffen haben, handhaben dies genauso weiter wie bisher. Wer auf Langzeitdünger gesetzt hat, sollte seine Pflanzen ein wenig genauer unter die Lupe nehmen: Je nach Witterung kann es passieren, dass der Vorratsspeicher schon im Juni/Juli leer ist. Falls Ihre Pflanzen nicht mehr so richtig blü-

hen wollen oder die Blätter auffallend gelb werden, sollten Sie ab diesem Zeitpunkt zusätzlich einmal wöchentlich Flüssigdünger ins Gießwasser geben, weil die Pflanzen jetzt schnell verfügbare Nährstoffe brauchen. Achtung: Kübelpflanzen ab Ende August nicht mehr düngen, sie sollen nun nicht mehr wachsen, sondern sich aufs Verholzen konzentrieren – das ist wichtig, um gut über den Winter zu kommen.

Auch Kompost freut sich bei Trockenheit über eine Dusche.

Schnell gemacht

- - - - - - - - - - - - - - - - - - - -

BRENNNESSELAUSZUG:

Aus vielen Kräutern lassen sich Tees, Brühen, Jauchen oder (die einfachste Variante) Auszüge herstellen. Als Spritzmittel stärken sie die Pflanzen und erhöhen die Widerstandsfähigkeit gegen Krankheiten und Schädlinge.

1. Brennnesseln pflücken

Für einen Brennnesselauszug sammeln Sie 0,5–1 kg möglichst noch nicht blühende Pflanzen. Handschuhe nicht vergessen!

2. Auszug ansetzen

Brennnesseln mit der Gartenschere grob zerkleinern und in einem Eimer mit 5 Litern kaltem Wasser übergießen (→ Foto 2 und 3).

3. Abseihen

Lassen Sie den Auszug etwa 24 Stunden ziehen. Dann alles durch ein Sieb schütten und in eine Spritzflasche füllen – fertig. Morgens oder am frühen Vormittag anwenden.

Full Power im Gemüsegarten

Nach einigen Wochen an der frischen Luft haben sich Salat, Möhren und Tomaten prächtig entwickelt oder sind sogar schon vernascht worden. So gestärkt legen wir gleich noch mal nach.

Während bei Zucchini oft eine regelrechte Ernteschwemme einsetzt, weil viele Früchte auf einmal reif werden, kann man Erntezeitpunkt und -menge gerade bei den schnell wachsenden Arten wie Kohlrabi, Möhren, Radieschen und Salat recht gut steuern. Überlegen Sie, wie viel Sie auf einmal ernten möchten, und säen oder pflanzen Sie zunächst nur entsprechend wenig. Sobald sich die ersten Blättchen zeigen, kommt der nächste Satz an die Reihe. Auf diese Weise können Sie über einen längeren Zeitraum hinweg ernten, ohne mit einem Mal täglich Kohlrabi essen zu müssen.

Verziehen und entgeizen

Nein, hier geht es nicht um geizige Mitmenschen oder verzogene Gören. Als „verziehen" bezeichnet es der Gärtner, wenn man bei dicht gesätem Gemüse die schwächeren Sämlinge herauszieht, damit die anderen mehr Platz haben (→ Foto). Dabei orientieren Sie sich am besten an den Pflanzabständen, die auf den Saatgutpackungen oder hier im Buch bei den Steckbriefen angegeben sind (→ Seite 32/33, 78/79).

Wenn sich die Tomatenpflanzen verschwenderisch mit Früchten schmücken, soll uns das nur recht sein. Dummerweise schlägt diese Freigiebigkeit in echten Geiz um, wenn man zulässt, dass die Pflanze aus der Achsel jedes neuen Blattansatzes einen zusätzlichen Trieb bildet: Die Kraft, die die Tomate in diese „Geiztriebe" steckt, fehlt ihr bei der Blüten- und Fruchtbildung. Nicht gut! Deshalb sollten Sie die Pflanze regelmäßig entgeizen, indem Sie die neuen Triebe vorsichtig ausbrechen – und zwar so früh wie möglich, damit die dabei entstehende Wunde möglichst klein bleibt und keine Krankheitserreger einwandern (→ Foto rechts).

Beim Verziehen von Gemüse sollten die stärksten Sämlinge stehen bleiben.

Fast zu schön zu essen: Mangold macht so mancher Zierpflanze Konkurrenz.

Die aus den Blattachseln wachsenden Seitentriebe bei Tomaten einfach zur Seite knicken.

Info

Bei Rhabarber mindestens die Hälfte der Stängel stehen lassen und nur bis zum 24. Juni ernten. Danach tankt er Kraft fürs nächste Jahr.

Schön und lecker

Viele Gemüsearten sind ausgesprochen hübsch. Feuerbohnen schmücken sich mit roten oder weißen Blüten, und Topinambur macht optisch der Sonnenblume Konkurrenz. Rot- oder gelbstieliger Mangold (→ Foto) ist im Beet wie im Topf ein echter Hingucker, und Süßkartoffeln werden wegen ihrer attraktiven Blätter sogar als Zierpflanzen angeboten (→ Seite 39).

Damit die Speisekammer stets gut gefüllt bleibt, sollten Sie, sobald eine Beetreihe abgeerntet oder ein Pflanzkübel frei geworden ist, gleich eine neue Runde ausrufen. Im Juni kann man noch so ziemlich alles säen oder pflanzen, auch im Juli ist die Auswahl noch

groß – für die Aussaat eignen sich Möhren, Kohlrabi, Salate, Bohnen, Winterrettich und Spinat, pflanzen können Sie Brokkoli, Grünkohl, Wirsing und Porree. Kohlrabi dürfen als Jungpflanzen noch bis Mitte August in die Erde, und Sprinter wie Kresse, Radieschen sowie Salate können Sie sogar bis Mitte September aussäen. Tipp: Wer ohnehin neues Saatgut kaufen muss, sollte sich nach Sorten für den späten Anbau erkundigen.

Ertragreiche Fruchtfolge

Fruchtfolge – klingt ziemlich unsexy, ist aber wichtig, damit sich alle Beetbewohner auch langfristig wohlfühlen. Im Mittelpunkt steht

der Appetit der Pflanzen: Gärtner unterscheiden Starkzehrer, Mittelzehrer und Schwachzehrer. Tomaten und Kürbisse etwa können reinhauen wie die Scheunendrescher und entziehen der Erde viele Nährstoffe. Möhren sind da schon deutlich genügsamer, und Schwachzehrer wie Salat begnügen sich mit einem Bruchteil dessen, was die beiden anderen Gruppen benötigen.

Würde man zwei Jahre hintereinander auf derselben Fläche Starkzehrer anbauen, wäre der Boden danach ziemlich ausgelaugt. Um ihn wieder aufzupäppeln, müsste man ihm schon im dritten Jahr eine Pause gönnen und Gründüngungspflanzen wie Lupinen oder Bienenfreund aussäen. An deren Wurzeln sitzen Bakterien, die Stickstoff aus der Luft binden und so die Nährstoffdepots im Boden wieder auffüllen (→ Seite 99).

Das funktioniert sehr gut – aber nur zwei Jahre in Folge ernten können? Das ist den meisten Gärtnern zu wenig. Also behelfen sie sich mit einem Trick: Praktischerweise reicht das, was die Starkzehrer an Nährstoffen im Boden lassen, den Mittelzehrern allemal noch aus, um richtig satt zu werden – und die Schwachzehrer tun sich ganz bescheiden an den Resten der Mittelzehrer gütlich. Wer im ersten Jahr Tomaten anpflanzt, im zweiten Möhren und im dritten Salat, kann also ein Jahr mehr zum Ernten nutzen. Auch in diesem Fall fiele allerdings ein Jahr – jetzt das vierte – für den Gemüseanbau aus, weil es für die Gründüngung reserviert wäre. Die simple Lösung: Das Beet in vier Bereiche teilen, sodass die drei Gruppen rotieren können. Dadurch kann sich immer ein Beetteil erholen und die anderen drei werden opti-

mal genutzt. Wie das aussehen kann, zeigt die Zeichnung rechts. Die Beispiel-Fruchtfolge berücksichtigt zudem die Grundsätze der Mischkultur und die Grundregel, niemals Arten derselben Pflanzenfamilie hintereinander in derselben Erde anzubauen, weil das die Anfälligkeit gegenüber Krankheitserregern und Schädlingen erhöht (mehr Infos dazu → Seite 142). Hier stehen im ersten Jahr Kartoffeln auf dem Feld, im zweiten Lauch und Kohlrabi. Im dritten folgen Pastinaken, Radieschen und Feldsalat und im vierten Bohnen als Gründüngung.

Endlich ernten

Tomaten, die je nach Sorte einen schönen Rotton oder ein leuchtendes Gelb angenom-

Mit der Grabegabel lassen sich die Kartoffeln leicht aus dem Boden heben.

men haben, sind in der Regel pflückreif. Bei grünen Sorten hilft ein Drück- und Drehtest: Reife Früchte geben nach und lassen sich leicht vom Stängel lösen. Auch bei Karotten und Radieschen kann man die Größe und damit den Reifegrad recht gut abschätzen, da sie sich nach ein paar Wochen ein Stück aus der Erde herausschieben. Kohlrabi sollten lieber etwas früher als zu spät geerntet werden, damit die Knollen nicht holzig werden. Busch- und Stangenbohnen sind genau richtig, wenn sie beim Umbiegen glatt durchbrechen, und Kartoffeln hebt man mithilfe einer Grabegabel aus der Erde, sobald das Kraut zu welken beginnt (→ Foto links).

Zucchini-Alarm

Die Welt ist ungerecht: Da hat man gesät, gegossen, gedüngt und gehätschelt – und nun gibt es zum Dank jeden Tag gedünstete Zucchini oder Möhren! So groß die Freude über die tolle Ernte, so groß ist oft auch das Fragezeichen: Was tun mit dem ganzen Gemüse? Die einfachste Methode zum Haltbarmachen: in handliche Stücke schneiden, kurz in kochendem Wasser blanchieren und einfrieren. Ausnahmen: Gewürzgurken legt man besser in Essig ein, Radieschen halten im Kühlschrank eine Woche, und eingekochte Tomaten kann man ohnehin nie genug im Haus haben. Kartoffeln sind an einem dunklen kühlen Platz je nach Sorte viele Wochen lang lagerfähig, am besten auf einem Regal aus Holz. Übrigens: Zucchini schmecken am besten, wenn man die Früchte nicht länger als 20 cm werden lässt, und sind süß-sauer eingelegt eine echte Delikatesse.

Fruchtfolge: Starkzehrer – Mittelzehrer – Schwachzehrer – Gründüngung.

Sind die Möhren schon groß genug? Im Zweifel einfach eine aus der Erde ziehen.

Hoch lebe das Hochbeet

Da sag noch einer, in der Stadt könne man kein Gemüse in nennenswertem Umfang anbauen: Das Hochbeet beweist das Gegenteil und ist dabei weit mehr als nur ein großer Pflanzkasten.

Auf dem Balkon findet sich oft ein lebhaftes Sammelsurium an Töpfen, Kästen und anderen Pflanzgefäßen. Im Hinterhof hingegen kann ein Wirrwarr kleiner Gefäße irgendwann auch ganz schön nerven, und an Hausecken oder neben der Garageneinfahrt leben die Topfzwerge ohnehin oft gefährlich. Für die Idee, stattdessen lieber einen Maxi-Blumenkasten mit leckerem Gemüse zu bepflanzen, sprechen viele Argumente.

* Ein Hochbeet aus Holz sieht gut aus.
* Es lässt sich auch dort aufstellen, wo der Boden versiegelt ist. Dann den Rahmen durch einen Boden ergänzen.
* Durch das größere Erdvolumen muss man seltener gießen.
* Die Pflanzenwurzeln haben mehr Platz zur Verfügung, was Tiefwurzler freut.
* Der Rücken ist ebenfalls entzückt, weil man bequem im Stehen gärtnern kann.
* Selbst vom Rollstuhl aus können alle Pflegearbeiten gut verrichtet werden.
* Das Beste zum Schluss: Ein echtes Hochbeet spart dank „Spezialfüllung" viel Dünger und bringt satte Mehrerträge. Aber dazu später mehr.

Gezimmert und gefüllt

Hochbeete aus Holz, Kunststoff oder Blech gibt es fertig zu kaufen, aus ein paar Brettern ist ein einfacher Rahmen aber auch schnell selbst zusammengezimmert. Dazu am besten wetterfestes Holz wie Robinie, Eiche oder Esskastanie verwenden. Weniger haltbares Holz wie Fichte können Sie zusätzlich mit Folie auskleiden. Ganz wichtig, damit später kein Frust aufkommt: Die Breite des Hochbeets sollte nicht mehr als zwei Armlängen betragen, damit man jeden Beetbereich bequem erreichen kann. Soll das Beet an einer

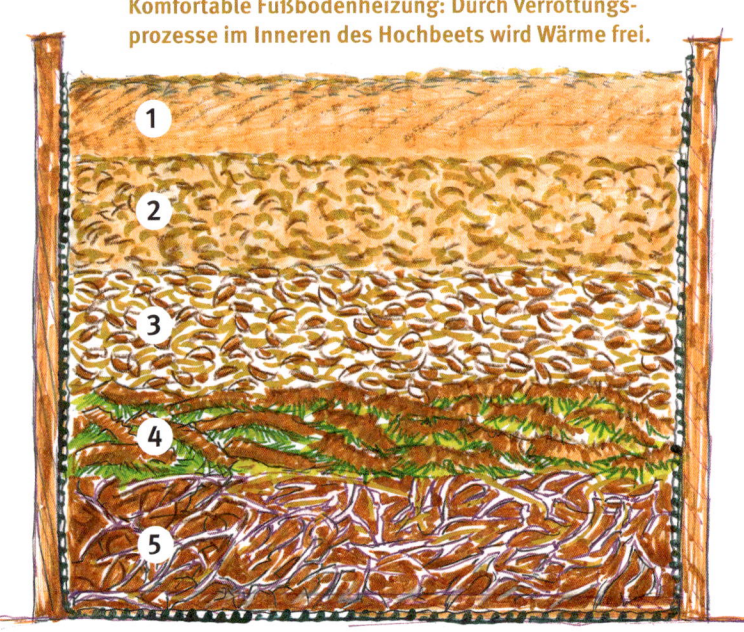

Komfortable Fußbodenheizung: Durch Verrottungsprozesse im Inneren des Hochbeets wird Wärme frei.

1. Kompost, 2. Rohkompost, 3. Laub, 4. Rasensoden, 5. Äste & Zweige

Etwa fünf Jahre lang versorgt die Füllung des Hochbeets Gemüse und Zierpflanzen, danach setzen Sie es neu auf.

Wand stehen, wird es entsprechend nur eine Armlänge breit gebaut. Der beste Standort auf einer Freifläche ist übrigens in Nord-Süd-Ausrichtung, damit die Sonneneinstrahlung optimal genutzt werden kann.

Und nun zum Geheimnis des Hochbeets, der Füllung. Zunächst wird auf der Stellfläche möglicherweise vorhandener Rasen abgetragen und ein engmaschiges Drahtgitter als Schutz vor Wühlmäusen zwischen Boden und Holzrahmen gelegt. Darauf kommen etwa 30 cm hoch grob zerkleinerte Äste und Zweige, zum Beispiel vom letzten Heckenschnitt. Dann, falls vorhanden, die abgetragenen Rasensoden mit den Wurzeln nach oben und anschließend 30 cm Laub, das leicht mit der Gießkanne angefeuchtet wird. Es folgen 30 cm Rohkompost und eine 15 cm hohe Lage gut verrotteter Kompost (→ Zeichnung). Wie, das kommt Ihnen irgendwie bekannt vor? Dann sind Sie hinter das Geheimnis des

Hochbeets gekommen: Es ist eine Art gut getarnter Komposthaufen. Die Idee ist so einfach wie genial: Der Verrottungsprozess des aufgeschütteten Materials setzt nicht nur Nährstoffe frei, die unmittelbar das Pflanzenwachstum begünstigen, sondern auch Wärme, wodurch sich die Saison um einige Wochen verlängert. Angst vor unangenehmen Gerüchen ist unbegründet, da man auf Küchenabfälle verzichtet.

Nun können Sie direkt in die oberste Kompostschicht pflanzen – im ersten Jahr Starkzehrer (→ Seite 74), im zweiten Mittelzehrer und schließlich Schwachzehrer. Düngen fällt aus, die Pflege beschränkt sich aufs Gießen. Falls das Beet stärker zusammensacken sollte, weil sich das grobe Material zu feinem Humus zersetzt hat, füllt man einfach mit einer Mischung aus Kompost und Gartenerde auf. Nach fünf Jahren wird die Füllung komplett erneuert.

Best of Gemüse – die gelingen immer

Salat

Lactuca sativa

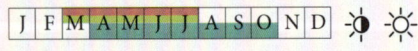 ☽ ☀

Saattiefe: 1 cm | Pflanzabstand: 25 × 25 cm

Pflege: Vorkultur ab März möglich. Auf gleichmäßige Wasserversorgung achten. Düngen ist nicht notwendig. Kopfsalat wird im Ganzen geerntet. Bei Pflück- oder Schnittsalat kann man einzelne Blätter ernten: Solange das Herz unversehrt bleibt, wächst der Salat weiter.

Sorten: 'Wunder von Stuttgart' ist ein guter samenechter Kopfsalat, 'Lollo Rossa Solmar' ein gesunder Pflücksalat.

Extra-Tipp: Bevorzugen Sie Sorten, die „schossfest" sind, also nicht frühzeitig Blüten bilden.

Spinat

Spinacia oleracea

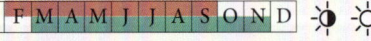 ☽ ☀

Saattiefe: 2 cm | Pflanzabstand: 5 × 25 cm

Pflege: Ein Platz im lichten Schatten ist optimal. Im Herbst ausgesäter Spinat sollte sonnig stehen. Gleichmäßig feucht halten.

Sorten: 'Rico F1' ist eine schnell wachsende, ertragreiche Ganzjahressorte. Die samenechten 'Winterriesen' werden von Mitte August bis Mitte September oder zwischen Anfang Februar und Mitte Mai ausgesät, Sommersorten wie 'Emilia F1' von März bis Juli.

Extra-Tipp: Wer die Herzblätter stehen lässt, kann besonders lange ernten.

Kohlrabi

Brassica oleraceae var. gongylodes

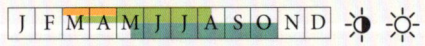 ☽ ☀

Saattiefe: 1 cm | Pflanzabstand: 30 × 40 cm

Pflege: Nicht zu tief pflanzen, die Knolle darf nicht auf der Erde aufliegen. Zwei Wochen nach dem Pflanzen mit Kompost versorgen. Achten Sie auf eine gleichmäßige Wasserversorgung, sonst wird das Fruchtfleisch holzig.

Sorten: Die samenechte weiße Sorte 'Superschmelz' bildet sehr große Knollen, ohne holzig zu werden. Die blaue Sorte 'Blaro' ist ebenfalls samenfest und sehr robust.

Extra-Tipp: Blauschalige Sorten sind etwas zarter als weiße.

■ = Vorkultur   ■ = Aussaat   ■ = Pflanzung   ■ = Ernte   ☀ Sonne   ☽ Halbschatten   ● Schatten

Bohne
Phaseolus vulgaris

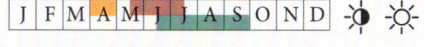

Saattiefe: 3 cm | Pflanzabstand: 50 × 100 cm

Pflege: Jungpflanzen anhäufeln, um die Standfestigkeit zu verbessern. Stangenbohnen brauchen volle Sonne, Buschbohnen (*P. vulgaris* var. *nanus*) gedeihen auch noch im Halbschatten.
Sorten: Die Buschbohne 'Flevoro' ist fadenfrei und resistent gegen typische Bohnenkrankheiten, genau wie die hellgelbe Stangenbohne 'Neckargold'.
Extra-Tipp: Tritt die Bohnenfliege gehäuft auf, ziehen Sie die Bohnen vor, dann sind sie zum Auspflanzen nach den Eisheiligen widerstandsfähiger.

Kartoffel
Solanum tuberosum

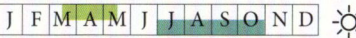

Saattiefe: 7 cm | Pflanzabstand: 30 × 70 cm

Pflege: Bis zum ersten Blattpaar anhäufeln, wenn die Pflanzen 15 cm groß sind. Für gleichmäßige Bodenfeuchte sorgen. Erst nach vier Jahren wieder am selben Platz anbauen.
Sorten: In Blauviolett präsentieren sich Blüten, Schale und das Fruchtfleisch von 'Salad Blue'. 'Bamberger Hörnchen' ist eine Feinschmeckersorte.
Extra-Tipp: Vier Wochen vor der Pflanzung vorkeimen: Knollen bis zur Hälfte in mit Sand vermischten Kompost drücken. Erhöht Wachstumsgeschwindigkeit und Krautfäuleresistenz.

Porree, Lauch
Allium porrum

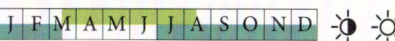

Saattiefe: 0,5 cm | Pflanzabstand: 15 × 30 cm

Pflege: Frühporree kauft man als Jungpflanzen und pflanzt sie bis zum Blattansatz ein. Sommersorten zieht man vor und pflanzt sie nach sechs Wochen aus. Herbst- und Wintersorten werden direkt ins Freiland gesät. Auf gleichmäßige Bodenfeuchte achten.
Sorten: 'Blaugrüner Winter' ist eine samenfeste Wintersorte, auch 'Amundo' ist samenecht und ertragreich.
Extra-Tipp: Immer wieder mit Erde anhäufeln, damit ein möglichst langer weißer Schaft entsteht.

Memory: Alte Gemüsearten neu entdeckt

Viele halbvergessene Kulturpflanzen sind nicht nur ausgesprochen lecker, sondern auch anspruchslos im Anbau. Probieren Sie es selbst aus, es macht Spaß und lohnt sich.

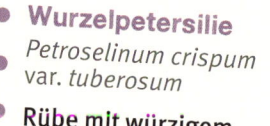

Wurzelpetersilie
Petroselinum crispum var. tuberosum

Rübe mit würzigem Geschmack, Blätter wie Petersilie verwenden. Aussaat: Mitte April bis Juli. Ernte: ab Mitte August.

Portulak
Portulaca oleracea var. sativa

Schmeckt jung geerntet als Salat oder auch in Butter gedünstet. Aussaat: Mitte Mai bis Ende Juli. Ernte: nach vier Wochen.

Garten-Melde
Atriplex hortensis

Der Vorläufer des Spinats und genauso verwendbar. Aussaat: Anfang März bis Ende Juli. Ernte: Ende Mai bis zur Blüte. Vor der Blüte auf 20 cm stutzen.

Rauke
Eruca sativa

Auch bekannt als Rucola. Aussaat: ab Mitte März, Ernte: bereits nach vier Wochen bis zum Frost. Für lange Ernte nur die äußeren Blätter pflücken.

Mairübe
Brassica rapa

Verschiedene Farben und Formen mit süßlich-scharfem Geschmack. Aussaat: Mitte Mai bis Mitte August. Ernte: nach ca. acht Wochen.

Guter Heinrich
Chenopodium bonus-henricus

Blätter wie Spinat zubereiten, Stängel wie Spargel, knospige Blüten wie Brokkoli. Aussaat: Anfang März bis Sept. Mehrjährig.

Pastinake
Pastinaca sativa

Mildwürzige Rübe mit angenehmer Süße. Aussaat: Anfang März bis Anfang Juni. Ernte: ab Anfang Juli, auch den Winter hindurch.

Haferwurzel
Tragopogon porrifolius

Erinnert an Schwarzwurzel. Aussaat: Anfang März bis Mitte Mai. Ernte: Ab Oktober den Winter hindurch. Hübsche Blüten im zweiten Jahr.

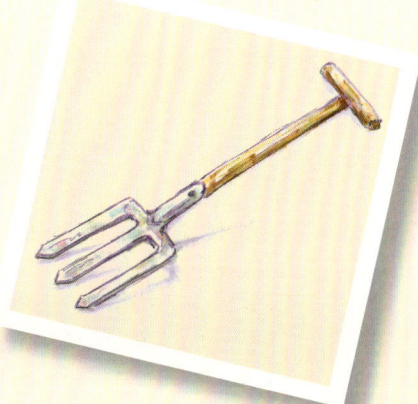

Echt dufte: Aromatische Kräuter

Sie sehen toll aus, riechen fantastisch und sind auch noch anspruchslos in der Pflege: Die Grundausstattung findet selbst auf dem kleinsten Balkon Platz – und hat bestimmt schon bald viele Fans.

Minze und Melisse beginnen schnell zu wuchern. Um sie zu zähmen, pflanze ich sie mitsamt einem großen Topf, bei dem ich den Boden entfernt habe.

Wer Thymian nur aus dem Kräuterregal im Supermarkt kennt und Lavendel von künstlichen Duftkissen, der hat echt etwas verpasst. Man braucht nur einmal an einem heißen Sommertag an einem Lavendelstrauch vorbeizustreichen und von den aufsteigenden Duftwellen warm umfangen zu werden – und schon ist künstlicher Raumduft für immer passé. Und wer einmal in Italien war und den Duft von wildem Thymian und Rosmarin aufgesogen hat, der wird sich zu Hause sofort auf den Weg in die Gärtnerei machen, denn das würzige Aroma ruft in Se-

kundenbruchteilen die schönsten Urlaubserinnerungen wach und macht Lust auf einen sommerlichen Grillabend. Aber nicht nur auf Steaks und Gemüse, auch in Kräuteressig, -öl und -salz machen sie sich gut.

Kräuter? Mag ich!

Das Beste dabei ist: Die meisten Kräuter sind extrem pflegeleicht. Viele stammen aus südlichen Gefilden, wo wenig Wasser und Nährstoffe an der Tagesordnung sind. Für Thymian, Rosmarin und Salbei, Majoran, Lavendel und Currykraut ist das Wichtigste daher ein schöner warmer Platz in der vollen Sonne oder maximal im Halbschatten. Ein bisschen gehaltvoller sollte die Erde für Schnittlauch, Dill und Basilikum sein, die sich prächtig entwickeln, solange man die Erde nicht über einen längeren Zeitraum austrocknen lässt. Pfefferminze, Melisse und Petersilie sind aus Kräutersicht schon ganz schön verfressen und sprechen auch dem Gänsewein ordentlich zu. Dafür gedeihen sie aber auch im Schatten. Übrigens: Die auf den folgenden Seiten vorgestellten Kräuter machen ganzjährig auf der Fensterbank eine gute Figur. Und draußen geben viele Kräuter eine ebenso hübsche wie nützliche Beeteinfassung ab, denn ihre ätherischen Öle halten viele Schädlinge fern.

Schnittlauch erntet man, indem man ihn etwa 2 cm über dem Boden abschneidet.

Schnell gemacht

LAVENDELZUCKER:

Er verleiht Süßspeisen und Desserts ein geheimnisvolles Aroma.
Sie brauchen: ein Glas, 150 g Zucker und einen Esslöffel ungespritzte Lavendelblüten.

* Zupfen Sie die Lavendelblüten ab und mischen Sie sie mit dem Zucker. Oder aber Sie belassen die Blüten am Stiel und schichten sie abwechselnd mit einer Lage Zucker in das Glas. So lassen sie sich später leicht entfernen. Klümpchenbildung ist normal, das lässt sich nicht verhindern.
* Nach zwei Wochen können Sie den Zucker – sparsam – verwenden. In ein hübsches Glas gefüllt und mit ein paar Lavendelzweigen versehen, ist er zudem ein tolles Mitbringsel.

Das pure Aroma

In eben diesen Ölen steckt auch das geballte Aroma der Kräuter, und deshalb sollte man sie dann ernten, wenn der Gehalt an ätherischen Ölen am höchsten ist. Bei Blättern ist das kurz vor Beginn der Blütezeit. Bei Kamille und Lavendel sollten Sie hingegen warten, bis sich die Blüten gerade zu öffnen beginnen. Generell ist für die Ernte ein warmer, trockener Tag gegen zehn Uhr vormittags optimal oder aber am späten Nachmittag – mittags duften die Kräuter zwar intensiver, aber eben deshalb, weil sie da schon einen Großteil der ätherischen Öle freigesetzt haben. Sie dürfen übrigens ruhig regelmäßig zur Schere greifen, das sorgt für eine gute Verzweigung. Einzelne Blättchen abzuzupfen ist nicht empfehlenswert, immer die Triebspitzen abschneiden und gleich verwenden oder Überschüsse konservieren. Das geht bei Kräutern besonders leicht. Was nahezu allen Arten sehr gut bekommt, ist das Einfrieren. Dazu die Kräuter waschen, gut trocken tupfen, hacken und in einen Gefrierbeutel geben. Gerade „saftige" Kräuter wie Schnittlauch, Petersilie und Basilikum büßen so kaum Geschmack ein. Pfefferminze, Melisse, Salbei und andere Teekräuter hängen Sie in kleinen Bündeln kopfüber an einem luftigen trockenen Platz auf und füllen die trockenen, grob zerkleinerten Kräuter dann in ein Glas mit Schraubverschluss.

Best of Kräuter – die gelingen immer

Rosmarin
Rosmarinus officinalis

J F M A M J J A S O N D ☀

Pflanzabstand: 30 × 50 cm

Pflege: Der Halbstrauch liebt durchlässigen, nicht zu nährstoffhaltigen Boden, zwei, drei Handvoll Sand im Pflanzloch verbessern den Wasserabzug. Auch im Topf Sand untermischen oder spezielle Kräutererde verwenden. Regelmäßiger Rückschnitt sorgt für kompakten Wuchs.
Sorten: 'Salem' wird bis zu 80 cm hoch und ist besonders winterhart. Die meisten anderen Sorten sind vor allem in jungen Jahren für Winterschutz dankbar.
Extra-Tipp: Leicht über Stecklinge vermehrbar (→ Seite 51).

Salbei
Salvia officinalis

J F M A M J J A S O N D ☀

Pflanzabstand: 30 × 30 cm

Pflege: Salbei ist mehrjährig und wird meist als Pflanze gekauft. Sie können ihn aber auch im März/April auf der Fensterbank vorziehen (Saattiefe: 1,5 cm) und im Mai/Juni ins Freiland setzen. Vermehrung über Stecklinge im Sommer möglich.
Sorten: Von besonders hohem Zierwert ist 'Tricolor' (40 cm hoch) mit ihren grün-weißen, teils purpurrot überhauchten Blättern sowie die gelbgrüne Sorte 'Icterina' (50 cm hoch).
Extra-Tipp: Einmal gepflanzt, versamt sich Salbei von selbst, wenn man Verblühtes nicht regelmäßig entfernt.

Thymian
Thymus vulgaris

J F M A M J J A S O N D ☀

Pflanzabstand: 20 × 20 cm

Pflege: Leichter, magerer Boden ist optimal. Schwere Böden mit viel Sand verbessern. Über Stecklinge vermehrbar. In kalten Lagen an Winterschutz denken.
Sorten: Neben der kompakt-aufrecht wachsenden Sorte 'Compactus' (15 cm hoch) gibt es sehr schöne Zitronen-Thymiane (*Thymus × citriodorus*) wie die weiß-grüne Sorte 'Silver Queen' (15 cm) oder die goldgrüne 'Aureus' (20 cm).
Extra-Tipp: Thymian ist ein attraktiver Bodendecker. Zitronen-Thymian hält selbst gelegentliches Betreten sehr gut aus.

■ = Aussaat ■ = Pflanzung ☀ Sonne ◐ Halbschatten ● Schatten

Schnittlauch
Allium schoenoprasum

 ◐ ☼

Saattiefe: 1 cm | Pflanzabstand: 25 × 25 cm

Pflege: In Reihen mit Horsten à 25 Samen säen. Regelmäßig gießen, im Frühjahr mit Kompost düngen. Häufiges Schneiden – zwei Fingerbreit über dem Boden – bekommt ihm gut. Alle drei Jahre teilen.

Sorten: Wer die attraktiven Blüten gerne für Salate verwenden möchte, wählt die Sorte 'Sterile'. Da sie keinen Samen bildet, bleiben die Blüten länger zart.

Extra-Tipp: Graben Sie im Spätherbst einen kleinen Ballen aus und setzen Sie ihn in einen Topf. Nach dem ersten Frost ins Haus geholt, treibt er wieder aus, so können Sie auch den Winter über ernten.

Petersilie
Petroselinum crispum

 ● ◐ ☼

Saattiefe: 0,5 cm | Pflanzabstand: 0 × 15 cm

Pflege: Die Blätter können fortlaufend geerntet werden, die Herzblätter müssen für den Neuaustrieb stehen bleiben. Für die Winterernte vor dem ersten Forst einen Ballen ausgraben, eintopfen und auf die Fensterbank im Haus stellen.

Sorten: 'Mooskrause 2' ist eine samenfeste Sorte, genau wie die glatte 'Gigante d'Italia'. Glatte Petersilie hat eine würzige Sellerie-Note.

Extra-Tipp: Petersilie ist eine zweijährige Pflanze und unverträglich mit sich selbst, daher sollte man sie nach zwei Jahren an anderer Stelle neu aussäen.

Basilikum
Ocimum basilicum

J F M A M J J A S O N D ☼

Saattiefe: 0 cm | Pflanzabstand: 25 × 25 cm

Pflege: Samen nicht mit Erde bedecken, nur andrücken. Blütenansätze regelmäßig ausknipsen. Regelmäßiges Schneiden ab einer Höhe von 15 cm regt die Verzweigung an. Je sonniger und geschützter der Standort, desto intensiver das Aroma der Blätter.

Sorten: 'Genoveser' ist ein samenfester Klassiker. Thai-Basilikum 'Siam Queen' passt gut zu asiatischen Gerichten.

Extra-Tipp: Das rot-grüne Strauch-Basilikum 'African Blue' schmeckt zwar weniger fein, kann aber bei 15 Grad Celsius hell überwintert werden.

Beerenobst: Freche Früchtchen

Ein langes Leben ist Erdbeeren und Co. leider nicht beschieden – schwupps, schon ist wieder eine vernascht worden. Kein Wunder, viele Beeren sehen einfach zum Anbeißen aus …

Und viele Arten machen sogar im Kübel auf dem Balkon eine gute Figur. Wer gerne herumexperimentiert, kann sich zum Beispiel an den auch als Physalis bekannten Andenbeeren oder den nahe verwandten Ananaskirschen versuchen: Sie hüllen sich in hübsche Lampions, die abfallen, sobald die Früchte reif sind, und sind absolut anspruchslos, solange sie warm und sonnig stehen. Auch Johannisbeeren und Stachelbeeren lassen sich gut in Pflanzgefäßen ziehen, besonders platzsparend und attraktiv sind Hochstämmchen. Containerware, also Pflanzen, die im Topf verkauft werden, können Sie auch im Sommer pflanzen. Etwas mehr Platz benötigen Him- und Brombeeren, wenn sie gute Erträge bringen sollen. Sie wachsen in großen Kästen oder im Beet an einem sonnigen Platz am Spalier. Brombeeren fühlen sich auch im Halbschatten wohl. Die Pflege beschränkt sich auf wenige Handgriffe (→ Seite 88).

Himbeeren anbinden

Jetzt im Sommer sollten Sie die Himbeerruten aufbinden. Am einfachsten geht das mit einem Gerüst aus zwei Holzpfählen, zwischen denen man in jeweils 40–60 cm Abstand Drähte spannt. Tipp: Wer Maschendraht waagerecht zwischen vier Pfählen befestigt, spart sich das Anbinden, die Ruten wachsen von alleine durch den Draht. Das eignet sich vor allem für die einfach zu schneidenden Herbst-Himbeeren gut: Nach der Ernte einfach alle Ruten 5 cm über dem Boden kappen. Sommer-Himbeeren hingegen tragen an den Trieben, die im Vorjahr neu gewachsen sind: Bei ihnen entfernt man nach der Ernte im Sommer nur die abgetragenen, dürr werdenden Ruten bodennah (→ Foto). Die jungen Ruten bindet man fest und kürzt sie im Frühjahr auf die gewünschte Höhe.

Nach der hoffentlich reichen Himbeerernte schneidet man die abgetragenen Ruten ab.

Schnell gemacht

ERDBEEREN VERMEHREN:

1. Ausläufer abschneiden

Erdbeeren sind nicht nur lecker, sondern auch schwindelfrei: Wer keine Stellflächen mehr frei hat, der setzt die Pflanzen einfach in eine Blumenampel oder einen Balkonkasten. Für die tolle Aussicht revanchieren sie sich mit himmlisch süßen Früchten. Erdbeeren bilden Ausläufer, das sind Ranken, an denen bereits fertige kleine Jungpflanzen sitzen. Weil sie die Pflanze Kraft kosten, schneidet man sie normalerweise ab, aber zum Vermehren eignen sie sich prima: Wer Erdbeeren im Beet kultiviert, wählt eine reich tragende Mutterpflanze aus, lässt die Ausläufer daneben einwurzeln, gräbt sie aus und verpflanzt sie. Dasselbe funktioniert auf dem Balkon: Ausläufer abschneiden (→ Foto 1) und in Töpfen mit Blumenerde bewurzeln lassen.

2. In Blumenerde setzen

Die Erde um die Erdbeerpflanzen gut andrücken und in den kommenden Wochen nicht austrocknen lassen (→ Foto 2). Die kleinen Pflänzchen sind auch ein super Geburtstagsgeschenk für gartenbegeisterte Freunde. Übrigens: Wie alle Beeren lassen sich auch Erdbeeren am besten haltbar machen, indem man sie einfriert oder zu leckerer Konfitüre verarbeitet. Eine sehr „durchgeistigte" Konservierungsmethode ist der Rumtopf. Dazu füllen Sie 500 g gewaschene Erdbeeren in einen hohen Steinguttopf und geben etwa 250 g Zucker und 0,75 Liter Rum darüber. Im Jahresverlauf kommen nach und nach jeweils 500 g Kirschen, Aprikosen, Zwetschgen und andere Früchte hinzu – jeweils mit 250 g Zucker und so viel Rum, dass die Früchte gut bedeckt sind. Pünktlich zur Adventszeit ist der Rumtopf fertig – superlecker!

Best of Beeren – die gelingen immer

Himbeeren
Rubus idaeus

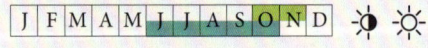 ◐ ☼

Pflanzabstand: 50 × 150 cm

Pflege: Schneiden Sie die Ruten nach dem Pflanzen auf 30 cm zurück, um die Rutenbildung im Folgejahr zu fördern. Ende März 2 Liter Kompost und 100 g Hornmehl in den Boden einarbeiten. Jahresschnitt → Seite 86.
Sorten: 'Aroma Queen' ist eine sehr gute Herbst-Himbeere. Die sommertragende Sorte 'Rubaca' punktet mit ausgezeichneter Gesundheit.
Extra-Tipp: Tayberrys ('Buckingham Tayberry') sind robuste Kreuzungen zwischen Him- und Brombeere.

Brombeeren
Rubus fruticosus

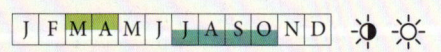 ◐ ☼

Pflanzabstand: 150–400 cm

Pflege: Ende März mit 2 Liter Kompost und 100 g Hornmehl versorgen.
Sorten: 'Loch Ness' und 'Navaho' sind reichtragend, dornenlos und damit auch für enge Platzverhältnisse geeignet.
Extra-Tipp: Brombeeren fruchten an zweijährigen Trieben. Binden Sie im Frühjahr sechs neue Triebe fächerförmig auf der rechten Seite eines Drahtspaliers fest, sie fruchten erst im nächsten Jahr. Die sechs vorjährigen Fruchttriebe binden Sie auf der linken Seite an und schneiden sie im nächsten Frühjahr bodennah ab.

Gojibeere, Bocksdorn
Lycium barbarum, L. chinense

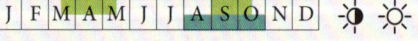 ◐ ☼

Pflanzabstand: 150 × 200 cm

Pflege: Schwere Böden mit Sand verbessern. Kompostdüngung im Frühjahr. Erstes Jahr: Alle Triebe auf 30 cm einkürzen. Zweites Jahr: Alle bis auf sechs kräftige Triebe bodennah abschneiden. Ab viertem Jahr: Alle zwei Jahre zwei alte Triebe entfernen und zwei junge nachziehen.
Sorten: 'Sweet Lifeberry' wächst kompakt und fruchtet reichlich.
Extra-Tipp: Ausläuferbildend; mit einer Rhizomsperre für Bambus im Zaum halten. Achtung, sie muss noch 5 cm aus der Erde schauen.

■ = Pflanzung   ■ = Ernte   ☼ Sonne   ◐ Halbschatten   ● Schatten

Erdbeeren
Fragaria spec.

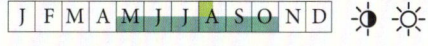

J F M A M J J A S O N D ◐ ☼

Pflanzabstand: 25 × 40 cm

Pflege: Nicht zu tief pflanzen. Ausläufer nur zur Vermehrung dran lassen. Zur Pflanzung 35 g/m² Hornmehl ins Pflanzloch geben. Im Frühjahr 15 g einarbeiten, nach der Ernte 35 g.
Sorten: Einmal tragende Sorten wie 'Elvira' bevorzugen Sonne und fruchten vor allem im Mai und Juni. Wald- und Monatserdbeeren vertragen Halbschatten und fruchten mehrere Monate lang.
Extra-Tipp: Mit Rasenschnitt mulchen. Nach zwei bis drei Jahren Ableger nehmen und auf neue Fläche pflanzen.

Stachelbeeren
Ribes uva-crispa

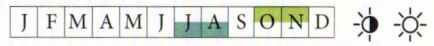

J F M A M J J A S O N D ◐ ☼

Pflanzabstand: 150 × 180 cm

Pflege: In der prallen Sonne bekommen die Pflanzen Sonnenbrand, optimal ist sehr lichter Schatten. Ende März mit 2 Liter Kompost und 100 g Hornmehl düngen. Schnitt: Man lässt stets nur 5–6 Haupttriebe stehen, die ältesten entfernt man bodennah beziehungsweise bei Hochstämmchen nahe der Kronenbasis.
Sorten: Nur gut mehltauresistente Sorten pflanzen! Sehr ertragreich sind 'Redeva' (rot), 'Invicta' (grün-gelb).
Extra-Tipp: Wenn's eng wird, sind Hochstämmchen und beinahe stachellose Sorten wie die robuste und ertragreiche 'Captivator' (rot) optimal.

Johannisbeeren
Ribes rubrum

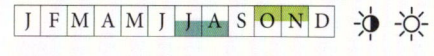

J F M A M J J A S O N D ◐ ☼

Pflanzabstand: 150 × 180 cm

Pflege: Ende März mit 2 Liter Kompost und 100 g Hornmehl düngen. Jährlich nach der Ernte die zwei bis drei ältesten Triebe direkt über dem Boden entfernen. Seitentriebe, an denen Früchte hingen, fingerbreit über der nächsten Astgabel abschneiden. Bei schwarzen Sorten nach der Ernte die Haupttriebe über dem dritten langen Seitentrieb kappen.
Sorten: Ertragreich und robust sind 'Rovada' (rot), 'Rosa Sport' (rosa), 'Primus' (weiß) und Titania' (schwarz), zudem lassen sie kaum vorzeitig Beeren fallen.

Großputz im Kirschbaum

Naschkatzen kommen im Sommer voll auf ihre Kosten: Wie frisch lackiert glänzen die Kirschen und warten nur darauf, verputzt zu werden. Vielerorts gedeihen selbst Pfirsiche und Aprikosen gut.

Während man für ein Kilo Süßkirschen im Supermarkt ordentlich Geld auf den Tisch legt, gibt es die knackigen Früchtchen im Garten zum Nulltarif und garantiert spritzmittelfrei. Auch Stadtgärtner können in diesen besonderen Genuss kommen, denn Säulenformen gedeihen selbst im Kübel auf dem Balkon – wobei man keine Riesenerträge erwarten sollte. Ein weiterer Vorteil der Säulenbäumchen: Der Schnitt beschränkt sich darauf, die Seitentriebe in der zweiten Junihälfte auf etwa 15 cm Länge einzukürzen, bei Äpfeln auf zwei Augen (das sind die kleinen Ausbuchtungen, aus denen die neuen Triebe wachsen), also etwa 3 cm.

Dasselbe gilt für Säulenformen von Aprikosen, Pfirsich und Nektarinen, hier sollte man sich nur bewusst machen, dass man es mit echten Sonnenanbetern zu tun hat, die einen entsprechend warmen, geschützten Platz und ausreichend Winterschutz brauchen. Alles zur Pflanzung finden Sie auf den Seiten 106–109.

Bei normalen Süßkirschen und anderen Steinobstbäumen im Garten ist nach der Ernte Ende Juli bis Anfang August das Auslichten angesagt: Alle Seitentriebe, die ins Kroneninnere hineinwachsen und den Kirschen dort das Licht rauben, werden entfernt. Bei Sauerkirschen schneiden Sie die Triebe, an denen die Früchte hingen, bis auf die nächste Gabelung zurück. Größere Schnittmaßnahmen an Apfelbäumen, Birnen oder Quitten nimmt man erst im Winter vor (→ Seite 130) – bei Steinobst wählt man den Sommer, weil die Wunden stark „bluten" und sich bei Kälte langsamer schließen.

Weniger ist mehr

Sowohl für Säulenobst als auch für normale Sorten gilt: Um das Maximale aus den Bäumen herauszuholen, sollten Sie zwei verschiedene Sorten pflanzen, die sich gegenseitig befruchten können – das erhöht auch bei solchen, die sich selbst befruchten können, den Ertrag. Bilden sich nach der Blütezeit reichlich Mini-Früchte an Pfirsich, Aprikose oder Apfelbäumchen, ist die Freude groß, am liebsten würde man täglich

Steinobst wie Kirschen und Aprikosen am besten frisch genießen oder einmachen.

nachzählen, ob noch alle dran hängen. Wer allerdings alle Früchte am Baum belässt, riskiert, dass der sich völlig verausgabt und im nächsten Jahr nur sehr wenig trägt. Dem Baum selbst behagen solche Schwankungen auch nicht, zumal unter der schweren Last besonders bei jungen Bäumen leicht ein paar Äste abbrechen können. Deshalb wirft er einen Teil der Früchte schon von alleine ab. Die übrigen sollten Sie Anfang Juni auf ein bis zwei Stück je Fruchtbüschel reduzieren, indem sie die kleineren Früchte abknipsen. Übrigens: Erntereif sind Pfirsich und Co., wenn sie sich durch eine Drehbewegung leicht vom Ast lösen. Bei Kirschen heißt es schlicht: probieren. Sind sie süß und saftig? Dann nichts wie runter vom Baum.

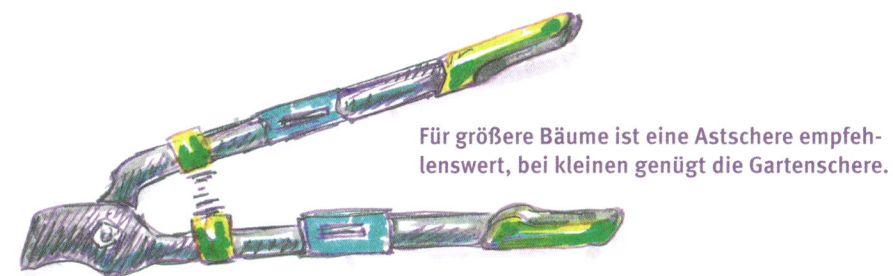

Für größere Bäume ist eine Astschere empfehlenswert, bei kleinen genügt die Gartenschere.

Regelmäßiges Auslichten hält Kirschbäume jung und vital.

Gegen gierige Piepmätze helfen Schutznetze oder im Baum aufgehängte CDs.

Land to rent: Gärtnern wie die Großen

Wenn sich Julia vom Acker macht, liegen frisch geschnittener Kopfsalat, knackige Radieschen oder zartschmelzender Kohlrabi in ihrem Fahrradkorb.

Und das ist nur ein Bruchteil der Gemüsearten, die die 30-Jährige auf ihrer Ackerparzelle In der Nahe von München anbaut. Die „Sonnenäcker" der Initiative „Unser Land" sind eines von zahlreichen ähnlichen Angeboten in ganz Deutschland. Andere heißen „Meine Ernte", „Gartenglück" oder „GemüseSelbstErnte" und freuen sich besonders in der Nähe von Großstädten über regen Zulauf. Bei einigen wie den Sonnenäckern mietet man nur das Land, bei anderen wie „Meine Ernte" finden die Pächter schon bepflanzte Flächen vor und zahlen entsprechend mehr. Alles Verrückte? Aber überhaupt nicht ...

* Was bringt einen dazu, sich ein Stück Acker zu mieten, Julia?

Julia: Naja, ich wollte schon immer gerne mein eigenes Gemüse anbauen, aber zu Hause habe ich leider nur einen kleinen,

Ich bin mittlerweile überzeugte Ackergärtnerin: Man lernt unheimlich viel, trifft nette Leute, und es ist ein irre befriedigendes Gefühl, mit der ersten Ernte nach Hause zu fahren. Wem die Arbeit alleine zu viel ist, der kann sich ja mit Freunden zusammentun.

ziemlich schattigen Balkon. Als ich dann durch Zufall ein Plakat zu einer Infoveranstaltung von „Unser Land" gesehen habe, hat das einfach gepasst.

* Und wie funktioniert das Ganze?

Julia: Wenn der Bauer Mitte April den Boden vorbereitet hat, kann man auf einem zugewiesenen Stück Gemüse, Kräuter und Sommerblumen pflanzen und säen – am besten nur einjährige Sachen, denn Ende Oktober wird alles untergepflügt.

* Das heißt, Saatgut und Pflanzen hast Du selber besorgt?

Julia: Ja, zum Teil habe ich sie auch selbst herangezogen, aber das hat nicht immer funktioniert, weil es zu Hause auf meiner Fensterbank wohl doch noch zu dunkel war. Nächstes Jahr kaufe ich auf jeden Fall mehr Jungpflanzen. Toll ist natürlich, dass man mit den Feldnachbarn Sorten austauschen kann. Billiger als gekauftes Gemüse ist der eigene Anbau allerdings trotzdem nicht: Für die Pacht zahle ich zwar jährlich nur 45 Euro, aber das ganze Zeug für die Vorkultur, die Pflanzen und die Gartengeräte, das summiert sich doch ganz schön auf. Für mich ist letztlich aber der Spaßfaktor entscheidend – und den einbezogen, stimmt die Kosten-Nutzen-Rechnung auf jeden Fall.

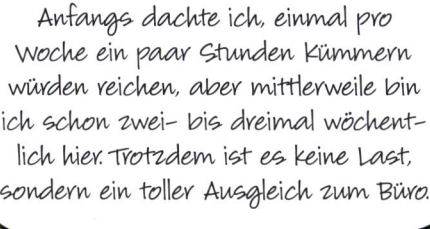

> Anfangs dachte ich, einmal pro Woche ein paar Stunden kümmern würden reichen, aber mittlerweile bin ich schon zwei- bis dreimal wöchentlich hier. Trotzdem ist es keine Last, sondern ein toller Ausgleich zum Büro.

> Tataaa, frischer geht's nicht: Lecke-re Möhren, mit viel Liebe umsorgt und in Bio-Qualität - ich habe sogar Bio-Saatgut verwendet. Außerdem garantiert ohne Kunstdünger und Pflanzenschutzmittel.

> Es muss aber nicht unbedingt Gemüse sein. Auch schöne Blumen kann man hier anpflanzen, um dann damit das Wohnzimmer zu verschönern.

✳ Wusstest Du denn vorher schon, wie das alles geht mit dem Aussäen, Pflanzen und Pflegen?

Julia: Beim Gemüse habe ich quasi bei null angefangen. Deshalb habe ich viel gelesen und in den ersten Wochen immer ein Buch dabei gehabt, in dem ich Pflanzabstände und so was nachschlagen konnte. Auch die alten Hasen unter den Feldnachbarn helfen gerne weiter. Aber viele Erfahrungen muss man einfach mal selbst gemacht haben, zum Beispiel satzweise zu säen und zu pflanzen. Das habe ich anfangs nämlich nicht gemacht und wusste plötzlich nicht mehr, wohin mit dem ganzen Salat. Meine Freunde haben sich allerdings gefreut …

✳ Was wächst denn alles bei Dir?

Julia: Das ist gar nicht so wenig: So eine Standardparzelle hat abzüglich der Wegflächen immer noch 50–60 Quadratmeter, da dachte ich anfangs, wie soll ich das über-haupt vollkriegen? Mittlerweile wachsen bei mir neben Sommerblumen unter anderem Tomaten, Gurken, Karotten, Chilis, Kürbisse, Kartoffeln, Schalotten, Pastinaken, Busch-bohnen, Zuckerschoten, Weiß- und Schwarz-kohl, Rettich, Spinat, Brokkoli … Es macht einfach riesig Spaß, und ich mache auf jeden Fall weiter – und nächstes Jahr werde ich mir einfach eine Parzelle mit einer meiner Feldnachbarinnen teilen.

HERBST

BUNTE BLÄTTER, DAZU DIE GOLDENEN STRAHLEN DER HERBSTSONNE, EINE LECKERE **KÜRBISSUPPE** MIT FREUNDEN ODER KARTOFFELFEUER MIT STOCK-BROT: DER HERBST IST DIE JAHRESZEIT FÜR **GENIESSER**. UND ER STECKT VOL-LER **ÜBERRASCHUNGEN**, VOM SONNEN-BAD BIS ZUM GEMÜTLICHEN REGENTAG AUF DEM SOFA IST ALLES DRIN.

Achtung, fertig – gärtnern!

	1 **Das macht besonders Spaß**	**2** **Das ist schweißtreibend**

September

EINKOCHEN, EINMACHEN, EINFRIEREN UND ZUSEHEN, WIE SICH DIE SPEISE-KAMMER LANGSAM, ABER SICHER FÜLLT.

Wer jetzt **Zwiebelblumen** setzt, wird im Frühjahr mit bunten Blüten belohnt

Oktober

AN EINEM FRÜHEN HERBSTMORGEN MIT EINER TASSE TEE IN DER HAND BEOBACHTEN, WIE GOLDENE SONNENSTRAHLEN DURCH DIE NEBELSCHLEIER SCHIMMERN.

OB OBSTBAUM ODER ZIERSTRAUCH – FÜR GEHÖLZE IS JETZT DIE OPTIMALE PFLANZZEIT

November

BUNTE HERBSTBLÄTTER SAMMELN UND PRESSEN UND DANACH EINEN HERR-LICH **SÜSSEN BRATAPFEL** MIT NÜSSEN, ZIMT UND ZUCKER GENIESSEN.

Laub zusammenrechen. Igel freuen sich, wenn Sie das Laub in einer geschützten Gartenecke zu einem gemütlichen Haufen aufschütten.

3 Das kann man jetzt genießen

ÄPFEL, BIRNEN, ZWETSCHGEN, NÜSSE, DIE NATUR SCHÜTTET IHR **FÜLLHORN** AUS, MAN MUSS NUR ZUGREIFEN.

KÜRBIS

cken die mild-würzigen

PASTINAKEN

ckermäuler in den müsegarten.

NACH DEM ERSTEN FROST HABEN DIE FRÜCHTE DER **SCHLEHEN** IHRE BITTERSTOFFE VERLOREN UND KÖNNEN ZU KÖSTLICHEM LIKÖR VERARBEITET WERDEN.

4 Bloß nicht vergessen

SAMEN VON **SOMMERBLUMEN** IN BESCHRIFTETE TÜTCHEN FÜLLEN UND KÜHL UND TROCKEN LAGERN.

SCHUTZ VOR **FROSTBEULEN**: KÜBEL-PFLANZEN SOLLTEN VOR DEM ERSTEN FROST WINTERFEST GEMACHT WERDEN.

PETERSILIE UND SCHNITTLAUCH AUS-GRABEN UND IN TÖPFE SETZEN,

DANN GEHT DIE **ERNTE** AUF DER **FENSTERBANK** WEITER.

5 Das können Sie mit anderen teilen

Tauschen Sie nach der Kartoffelernte mit Freunden ein paar der **tollen Knollen** aus und lagern Sie diese bis zum nächsten Jahr an einem kühlen, dunklen Platz.

– MIT ANSCHLIESSENDER KÜRBISSUPPE. TREFFEN SIE SICH ZUM GEMEINSAMEN KÜRBISSCHNITZEN

BASTELN SIE MIT DEN BESTEN GARTEN-FOTOS EINEN KALENDER – VOILÀ, FERTIG IST DAS NIKOLAUSGESCHENK.

Beet leer – was jetzt?

Im August kamen endlich auch die Gemüsearten mit längerer Kulturzeit auf den Tisch. Nachteil: Jetzt liegen die Flächen erbärmlich nackt da. Aber keine Sorge, das bleibt nicht lange so …

… denn nun können Schnellstarter wie Radieschen, Kresse und verschiedene Salate zeigen, was in ihnen steckt: Bis Mitte September ausgesät, sind sie rechtzeitig erntereif, bevor die ersten Nachtfröste knackige Pflanzen in welkes Kraut verwandeln. Allerdings sind viele Gemüsearten hart im Nehmen: Werden sie bei drohenden Nachtfrösten mit einem Vlies (zum Beispiel aus dem Gartencenter) abgedeckt, kann man Möhren, Sellerie, Endivien und andere Herbstsalate sowie Mangold und Mitte Juni gesäte Rote Bete oft noch bis in den November hinein ernten. Bereits im September sollten Sie für kalte Nächte das Schutzvlies hervorholen, wenn noch unreife Tomaten aufs Erröten warten, dasselbe gilt für Gurken und Paprika (→ Foto).

Damit sie all ihre Kraft in die Früchte stecken, bricht man neue Blüten ab September aus. Im Oktober kann man die letzten Tomaten pflücken, noch grüne Exemplare reifen im Haus nach und lassen sich außerdem zu wunderbaren Konfitüren und Chutneys verarbeiten. Bei Kürbissen, denen man am besten eine dicke Schicht Stroh unterlegt, gilt als Faustregel für den Erntetermin: So spät wie möglich, so früh wie nötig, denn ein später Termin verbessert die Haltbarkeit – aber nur, solange sie keinen Frost abbekommen.

Ein Vlies schützt empfindliche Arten und verlängert die Erntezeit einiger Gemüse bis in den Spätherbst und Winter.

Lecker: Wintergemüse

Bei Rosenkohl und Grünkohl hingegen ist Frost sogar ausdrücklich erwünscht, weil sie erst durch den Kälteeinfluss ihren typischen Geschmack entfalten – Freaks gibt's eben überall. Bei Rosenkohl können Sie Ende August/Anfang September die Triebspitze ausbrechen, dann steckt die Pflanze mehr Kraft in die bereits gebildeten Röschen und diese werden größer.

Viel spannender ist es allerdings, alte Sorten wie 'Harald 51' oder die violette 'Rubine' an-

Schnell gemacht

GRÜNDÜNGUNG SÄEN:

Gründüngungspflanzen wie Senf und Lupinen verbessern die Struktur des Bodens, reichern ihn mit Nährstoffen an und verhindern, dass sich Unkraut breitmacht. Besonders praktisch ist Bienenfreund (→ Foto), da er mit keiner gängigen Gemüseart verwandt ist (Fruchtfolge → Seite 73).

* Für die Boden-Wellnesskur säen Sie die Gründüngungspflanzen bis Mitte September aus. Die Aussaat von Winterweizen ist sogar bis in den November hinein möglich.
* Im Frühjahr mähen Sie die Pflanzen etwa drei Wochen vor der nächsten Aussaat ab, lassen sie einige Tage liegen und arbeiten sie dann in den Boden ein.

zubauen und die Triebspitze zu verschonen. Bei alten Sorten reifen die Röschen nach und nach (die untersten zuerst abbrechen), was gerade für Singlehaushalte viel praktischer ist. Gegen Ende der Kulturzeit entwickelt sich dann an der Triebspitze eine Art kleiner Wirsingkopf, der auch genau wie Wirsing zubereitet werden kann.

Von Mitte August bis Mitte September können Sie Spinat und Feldsalat für die Herbsternte von September bis November säen – sogar im Halbschatten, etwa 2 cm tief in 25 cm auseinanderliegenden Reihen. Von Mitte bis Ende September säen Sie Winter-Spinat für die Ernte von März bis April, allerdings nur an sonnigen Standorten. Sobald die ersten Fröste drohen, erhält er ein wärmendes Vlies, das Sie nur bei Temperaturen über 15 Grad Celsius lüften. Feldsalat für die Winterernte säen Sie von Mitte September bis Ende Oktober. Ruhig etwas dichter säen, später zieht man die schwächsten Sämlinge heraus, sodass zwischen den kräftigsten Pflänzchen etwa 10 cm liegen. Je nach Aussaattermin kann man dann, mit Vliesabdeckung, ab Oktober den ganzen Winter hindurch ernten – an frostfreien Tagen, sonst sind die eben noch knackigen Blätter im warmen Haus plötzlich tiefenentspannt und schlapp. Wer will, kann leere Beetflächen im Herbst auch nutzen und dem Boden eine Gründüngungskur gönnen (→ Kasten).

Erntefest im Obstgarten

Äpfel, Birnen, Zwetschgen, Nüsse ... Im Herbst weiß man kaum, was man zuerst essen soll. Und vor allem, was tun mit dem Rest, wenn beim besten Willen nix mehr in den Bauch passt?

Info

Der weiße Belag auf Zwetschgen und Mirabellen schützt die Früchte vorm Austrocknen und sollte beim Ernten möglichst intakt bleiben.

Zum Glück gibt es verschiedene Möglichkeiten, wie man die fette Beute sicher über die nächsten Wochen oder gar Monate bringen kann. Entscheidend beeinflussen können Sie die Haltbarkeit der Früchte durch den passenden Erntezeitpunkt und einen optimalen Erntezustand. Der Zeitpunkt ist dabei stark art- und sortenabhängig. Die Apfelsorte 'Gravensteiner' etwa lockt schon Ende August mit ihren rötlich überhauchten

Mit Säulenobst kommen auch Stadtgärtner in den Genuss leckerer Früchte.

Früchten, die am besten frisch vom Baum schmecken. Späte Sorten wie die 'Rote Sternrenette' hingegen reifen nach und entwickeln ihren charakteristischen Geschmack erst nach einigen Wochen Lagerzeit. Dafür sind sie aber deutlich länger haltbar und geben einen tollen Wintervorrat ab. Für beide Apfelgruppen, aber auch für Birnen und Zwetschgen gilt: Gepflückt wird, sobald sich der Stiel der Frucht durch eine kurze Drehbewegung leicht vom Ast löst.

Die Guten ins Töpfchen ...

Damit wären wir auch schon beim optimalen Lagerzustand, und der liest sich wie folgt: Gesucht wird eine Frucht mit Sti(e)l ohne Druckstellen, Kratzer oder sonstige Verletzungen, die nach dem Pflücken sanft in eine Pflücktasche gebettet oder in eine bereitstehende Kiste gelegt wird. Was ziemlich spießig klingt, hat einen guten Grund: Jede kleine Verletzung ist eine mögliche Eintrittspforte für Bakterien und Pilze – und befallene Früchte können schnell das ganze Lager anstecken. Deshalb sollte man Lagerfrüchte auch regelmäßig kontrollieren und faule Kandidaten aussortieren. Beschädigte Früchte verwenden Sie am besten zum Einkochen oder geben sie in eine Mosterei und freuen sich über frisch gepressten Saft.

Die schönsten Früchte hängen immer ganz oben – mithilfe eines Apfelpflückers kommt man auch an sie heran.

Im Idealfall legen Sie die Früchte – nicht zu dicht – auf Obststiegen aus Holz.

Aber zurück zur Ernte, wichtige Erntehelfer für Großbäume sind: Apfelpflücker, Leiter, Pflücktasche. Der Apfelpflücker eignet sich revolutionärerweise auch für andere Früchte und ist optimal für alle, die nicht so gerne in schwindelnde Höhen steigen. An dem langen Stiel befindet sich ein befingerter Metallring samt Stoffbeutel, in den die Frucht nach einem kurzen Rütteln fällt, so sie denn reif ist. Wer lieber auf eine Leiter steigt, sollte sich vorher noch mal von Mutti bestätigen lassen, dass dies eine gefährliche Angelegenheit ist, die unbedingt einen sicheren Stand der Leiter, volle Konzentration und freie Hände erfordert. Der letzte Punkt wird mithilfe einer Pflücktasche zum Umhängen erreicht, die man anschließend vorsichtig (!) in eine Kiste entleert.

Haselnüsse sind da deutlich unempfindlicher, sie schüttelt man einfach vom Strauch auf eine Plane, Walnüsse sammelt man vom Boden auf und entfernt anhaftende Schalenreste. Anschließend kommen sie auf mit Kaninchendraht bespannte Holzrahmen an einen warmen und vor allem trockenen Platz wie Speicher oder Heizungskeller.

Geeignete Apfel-, Quitten-, Birnen- und Zwetschgensorten lagern Sie an einem kühlen, aber frostfreien und trockenen Platz, was meist auf den Keller hinausläuft. Achtung: Äpfel nie mit anderem Obst im selben Raum unterbringen, sie verströmen Äthylen, das andere Früchte schneller reifen lässt! Ein Trost für alle, die keinen Lagerplatz haben: Aus Quitten lässt sich köstliches Gelee zaubern, Brombeeren sollten eingemacht, zu Konfitüre verarbeitet oder eingefroren werden, Äpfel und Birnen halten als Kompott oder im Tiefkühler monatelang. Probieren Sie mal Apfelchips: Früchte dafür in dünne Scheiben schneiden und ein paar Tage lang an einem warmen Ort auf einer Schnur aufgereiht oder im Backofen bei 80–100 Grad eine Stunde lang trocknen lassen.

Best of Obstgehölze – die gelingen immer

Apfel
Malus domestica

Pflanzabstand: 1–3 m

Pflege: Immer Befruchtersorte mitpflanzen. Schatten geht auf Kosten des Ertrags. Ende März/Anfang April mit 4 Liter Kompost und 100 g Hornmehl düngen. Schnitt: → Seite 90.

Sorten: Säulenformen sind für Balkon, Hof und Kleingarten optimal, z. B. 'Goldlane' (grüngelb; Ernte Oktober), 'Sonate' (grüngelb mit roter Deckfarbe; Ernte Ende September) und 'Rondo' (hellrot; Ernte Anfang Oktober).

Extra-Tipp: Witzig und praktisch sind Mehrsorten-Obstbäumchen.

Birne
Pyrus communis

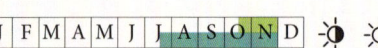

Pflanzabstand: 1–3 m

Pflege: Je weniger Sonne, desto geschützter muss der Standort sein. Leichte Böden sind optimal, Staunässe ist tödlich. Ende März mit 4 Liter Kompost und 100 g Hornmehl düngen. Seitentriebe in der zweiten Junihälfte auf 15 cm kürzen. Schwach wachsende Sorten brauchen einen Stützpfahl.

Sorten: Für den Garten eignet sich die Sorte 'Novemberbirne' gut. Eine gute Säulenbirne ist 'Concorde'.

Extra-Tipp: Bei Kübelhaltung am besten unter ein Vordach stellen, das beugt Birnengitterrost vor.

Süßkirsche
Prunus avium

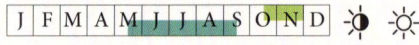

Pflanzabstand: 1–5 m

Pflege: Ende März/Anfang April mit 4 Liter Kompost und 120 g Hornmehl düngen. Mit einem Netz vor Vogelfraß schützen. Schnitt: → Seite 90.

Sorten: Frühe Sorten wie 'Celeste' (Ernte: Ende Mai bis Mitte Juni) sind nahezu madenfrei. 'Sunburst' ist selbstfruchtbar, eine weitere Sorte erhöht jedoch den Ertrag. Das gilt auch für die Säulenkirsche 'Sylvia'. Ernte: jeweils im Juli.

Extra-Tipp: Kübelpflanzen bei Regen unterstellen, damit die leckeren Früchte nicht aufplatzen.

■ = Pflanzung ■ = Ernte ☀ Sonne ◑ Halbschatten ● Schatten

Zwetschge
Prunus domestica ssp. *domestica*

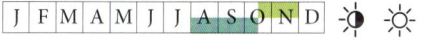

Pflanzabstand: 1–5 m

Pflege: Ende März/Anfang April mit 4 Liter Kompost und 120 g Hornmehl düngen. Beim Schnitt Äste, die ins Kroneninnere wachsen, zum Auslichten an der Basis entfernen. Bei Säulenformen Seitentriebe in der zweiten Junihälfte auf 15 cm zurückschneiden.

Sorten: Die Zwerg-Zwetschge 'Jojo' ist selbstfruchtbar, reichtragend und resistent gegen das Scharka-Virus. Das gilt auch für die Säulensorte 'Anja'.

Extra-Tipp: Die gelben Früchte der verwandten Mirabellen, z.B. 'Mirabelle von Nancy', sind kleiner und zuckersüß.

Kiwi
Actinidia spec.

Pflanzabstand: 2–5 m

Pflege: Die Schlingpflanze ist super zur Begrünung einer Pergola geeignet. Winterschutz im Pflanzjahr. Ende März mit 35 g Hornmehl pro Pflanze versorgen. Erst nach drei Jahren am Gerüst ist Vollertrag zu erwarten.

Sorten: Bis auf selbstfruchtbare Sorten wie 'Solo' oder 'Jenny' sind für Früchte eine männliche und eine weibliche Pflanze notwendig.

Extra-Tipp: Mini-Kiwis wie 'Weiki' oder 'Issai' sind sehr frosthart und bilden stachelbeergroße, unbehaarte Früchte, die mit Schale gegessen werden.

Haselnuss
Corylus avellana

Pflanzabstand: 2–4 m

Pflege: Den Strauch so tief setzen, dass die Ballenoberkante 10 cm unter der Erde liegt. Alle Triebe auf 50 cm einkürzen. Sechs Haupttriebe ziehen, alle drei Jahre zwei wegschneiden und zwei junge nachziehen. Ende März mit 5 Liter Kompost düngen.

Sorten: Für sichere Befruchtung stets zwei Sträucher pflanzen, z.B. 'Hallesche Riesennuss'.

Extra-Tipp: Bei Befall mit dem Haselnussbohrer Käfer und taube Nüsse im Mai und Juli auf ein Tuch schütteln oder im Februar Leimringe anbringen.

Memory: Alte Obstarten neu entdeckt

Wussten Sie, dass man die oft als giftig verschrienen Vogelbeeren essen kann – und zwar nicht nur einmal? Viele Wildobstgehölze sind ausgesprochen attraktiv und liefern obendrein leckere Früchte.

Vogelbeere
Sorbus aucuparia

Tolle Herbstfärbung. Die Früchte sind reich an Vitamin C und nur roh schwach giftig. Nach dem Frost zu Konfitüre und Likör verarbeiten.

Kornelkirsche
Cornus mas

Ist mit ihren leuchtend gelben Blüten ein echter Blickfang im März/April. Schöne Herbstfärbung. Im August/September z.B. für Gelee ernten.

Schlehe
Prunus spinosa

Toll für Blütenhecken. Blüht von April bis Mai. Die blauen Früchte nach Frosteinwirkung ernten, sie ergeben köstliches Gelee oder Likör.

Felsenbirne
Amelanchier lamarcki

Wunderschöner Strauch mit unzähligen weißen Blüten im April/Mai und toller Herbstfärbung. Die süßen Früchte im Juli/August pflücken.

Mispel
Mespilus germanica

Sie verträgt Sonne und Halbschatten. Weiße Blüten von Mai bis Juni. Früchte nach den ersten Frostnächten zu Gelee oder Likör verarbeiten.

Quitte
Cydonia oblonga

Blüht im Mai/Juni. Ab Mitte Okt. bis zum Frost ernten. Getrennt von anderem Obst lagern. Die Früchte in Gelee oder Likör verwandeln.

Maulbeere
Morus nigra, M. alba

Blüht im Mai/Juni. Selbstbefruchtende Sorten wie 'Hellena' wählen. Die an Brombeeren erinnernden Früchte erscheinen im Juli und August.

Schwarzer Holunder
Sambucus nigra

Strauch oder Kleinbaum für nahezu alle Standorte. Blüte: je nach Sorte zwischen Mai und Juli. Im Sept./Okt. für Saft, Gelee und Likör ernten.

Jetzt ist Pflanzzeit für Gehölze!

Darf's ein bisschen mehr sein? Der Herbst ist der perfekte Zeitpunkt, um – neben Stauden, Zweijährigen und Rosen – die richtig großen Geschütze wie Apfelbaum oder Wildobsthecke aufzufahren.

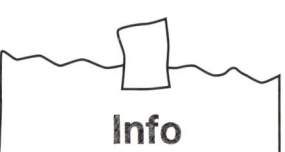

Info

Anzuchttöpfe aus Torf oder Kokosfaser zersetzen sich in der Erde von selbst. Oft spitzen die ersten weißen Wurzeln schon durch die Topfwand hindurch.

Der Boden ist besonders im Oktober noch leicht erwärmt, aber dank der nun wieder häufigeren Regenfälle nicht mehr staubtrocken. Für die Pflanzen sind das optimale Bedingungen, um noch gut einwurzeln zu können, ehe der Winter ins Land zieht. In der nächsten Saison starten sie dann schon richtig durch. Gehölze und Rosen können Sie prinzipiell sogar den ganzen Winter über in die Erde setzen – vorausgesetzt, der Boden ist frostfrei. Empfehlenswert ist es, sich vor dem Pflanzen schlauzumachen und die von der Gemeinde vorgegebenen Abstände zur Grundstücksgrenze einzuhalten, damit der Nachbar nicht plötzlich auf Rumpelstilzchen macht. Oft kann man die Maße auch in der Gärtnerei oder in der Baumschule erfragen.

Fragen lohnt sich

Überhaupt sollten Sie keine Scheu haben, sich von Profis beraten zu lassen, denn dadurch erfährt man oft nützliche Dinge – etwa, dass Walnussbäume Hemmstoffe abgeben, die unliebsame Wurzelkonkurrenz ausschalten, weshalb ein Haselnussstrauch vielleicht doch besser ist. Viele Anbieter haben informative Websites, auf denen man zum Beispiel nachsehen kann, wie viele Pflanzen man für eine Hecke benötigt (Adressen → Seite 154). Bei Hecken buddelt

man übrigens nicht für jede Pflanze einzeln ein Loch, sondern hebt entlang einer gespannten Schnur einen kleinen Graben aus. Bevor Sie die Pflanzen in die Erde setzen, sollten Sie die Wurzelballen in einen Eimer voll Wasser tauchen, bis keine Luftblasen mehr aufsteigen. Dann wachsen sie besser an. Wurzelnackte Ware ohne Erdballen sollten Sie möglichst sogar 12 Stunden wässern. Übrigens: Containerware (Pflanzen im Topf) hat den Vorteil, dass man sie das ganze Jahr

Rosen erhält man als Containerware, im Biotopf oder wurzelnackt.

über pflanzen kann. Ballenware wird frisch ausgegraben und daher in der Regel nur von Oktober bis Anfang Mai angeboten, sie hat aber besonders ausgeprägte Wurzelballen.

Für rosige Zeiten

Bei Rosen gibt es noch mehr Angebotsformen (→ Foto links): Im Container angebotene Rosen können Sie das ganze Jahr hindurch pflanzen, und solche, die mit etwas Erde in einem Folienbeutel geliefert werden, dürfen von Oktober bis Ende Mai in den Boden. Rosen in biologisch abbaubaren Töpfen pflanzt man von Oktober bis Ende Juni – mitsamt Topf, den man vorher ein bisschen einreißt. Die kürzeste Pflanzzeit haben wurzelnackte Rosen. Sie kommen von Oktober bis Ende April in den Boden und erhalten vorher noch eine kleine Sonderbehandlung: Um die Verdunstung zu reduzieren, kürzen Sie die Triebe auf eine Höhe von etwa 20 cm ein. Es sollten mindestens fünf Augen pro Trieb stehen bleiben, geschnitten wird 0,5 cm über einem nach außen zeigenden Auge. Als Augen bezeichnet man die noch nicht ausgetriebenen Knospen, die sich als kleine Wölbungen an den Trieb schmiegen. Zusätzlich kürzen Sie die Wurzeln einen Fingerbreit ein, um die Neubildung anzuregen.

Beim Pflanzen selbst gilt für alle Rosen: Die Veredelungsstelle sollte gut zwei Fingerbreit unter der Erde liegen (→ Foto). An dieser knotenartigen Verdickung ist nämlich das Edelreis, also die Sorte, die man später blühen sieht, mit dem Wurzelstock einer Wildrose verwachsen und profitiert nun von dessen robustem Wesen.

Stockrose, Fingerhut und andere vorgezogene Zweijährige ziehen nun ins Beet um.

Die Veredelungsstelle der Rose sollte zwei Fingerbreit unter der Erde liegen.

Schritt für Schritt: Gehölze pflanzen

Täterätäää, es ist soweit, die erste wirklich wichtige Aktion des Lebens steht bevor: Ein Baum wird gepflanzt! Das mit dem Haus und den Kindern kann man später noch erledigen.

DAS HILFT BEI GROSSEN TATEN:

Gehölz, z.B. Apfelbaum   Spaten   Grabegabel   Kompost und Hornspäne   Stützpfahl und Kokosstrick   Hammer zum Einschlagen des Pfahls

> Als Erstes markiere ich mit dem Spaten die Größe des Pflanzlochs und hebe es dann anderthalb mal so tief aus, wie der Wurzelballen lang ist – es kommt ja noch Kompost rein.

①

Zuerst die Grasnarbe in dem Bereich abtragen, in dem das Loch ausgehoben werden soll. Dann das Pflanzloch ausheben, und zwar doppelt so breit, wie der Gehölzballen ist, und ungefähr anderthalbmal so tief. Tummeln sich viele Wühlmäuse auf dem Gelände, kann ein Wühlmausschutz aus engmaschigem Sechseckgeflecht sinnvoll sein: ins Pflanzloch legen, etwas Kompost und mit Hornspänen vermischte Erde daraufgeben und nach dem Einsetzen des Ballens bis kurz vor den Stamm um den Ballen herumwickeln. Wichtig: Nehmen Sie unverzinkten Draht. Der rostet nach zwei, drei Jahren durch, sodass die Wurzeln sich weiter ausbreiten können. Bis dahin ist der Baum auch gut angewachsen und von den Wühlmäusen ohnehin nicht mehr so leicht kleinzukriegen. Vor dem Angießen noch einen kleinen Erdwall bauen: Er hält das Wasser im Pflanzbereich, bis es versickert ist.

Dann lockere ich den Boden des Lochs mit der Grabegabel und setze den Wühlmausschutz ein. Darauf gebe ich ein paar Spaten einer Mischung aus zwei Drittel Erde, einem Drittel Kompost und 40-80 g Hornspänen.

Jetzt stellen wir das Bäumchen hinein, der Ballen soll bündig mit der Erdoberfläche sein. Wir schaufeln ein bisschen Erde drauf und schließen den Drahtkorb. Dann den Stützpfahl direkt neben dem Wurzelballen einsetzen.

Anschließend fülle ich das Pflanzloch um den Wühlmausschutz herum mit dem Kompost-Erde-Mix auf und baue daraus einen kleinen Gießring.

Nun schlinge ich einen Kokosstrick mehrmals in Form einer Acht um Stamm und Pfahl und dann noch ein paar Mal um die Mitte der Acht, damit ein Mindestabstand bleibt. Jetzt noch angießen - fertig.

Best of Ziergehölze – die gelingen immer

Flieder
Syringa spec.

J	F	M	A	M	J	J	A	S	O	N	D

● ☽ ☀

Pflanzabstand: 1,5–3 m

Wuchs: 2,5–6 m hoch als Strauch oder kleiner Baum. Duftende Blütenrispen, je sonniger, desto mehr. Frischgrünes Laub.
Sorten: 'Saugeana' (dunkelrosa), 'Palibin' (rosaviolett).
Pflege: Schwere Böden mit Sand verbessern. Im Frühjahr mit 3 l/m² Kompost düngen. Nach der Blüte auslichten und Verblühtes über zwei Seitenknospen wegschneiden. Sehr alte Flieder auf bis zu 50 cm stutzen.
Extra-Tipp: Die genannten Sorten gedeihen auch im Kübel.

Pfeifenstrauch
Philadelphus spec.

J	F	M	A	M	J	J	A	S	O	N	D

● ☽ ☀

Pflanzabstand: 1–1,5 m

Wuchs: Straff-aufrecht bis leicht überhängend. Wird je nach Sorte 1–4 m hoch. Starker Duft.
Sorten: 'Virginal' (bis zu 3 m hoch) trägt gefüllte Blüten. 'Dame Blanche' wird nur 1–1,5 m hoch und breit – optimal für kleine Gärten und Kübelhaltung.
Pflege: Im Frühjahr mit 3 l/m² Kompost düngen. Ab dem dritten Standjahr alle zwei bis drei Jahre nach der Blüte einige alte Triebe bodennah entfernen.
Extra-Tipp: Zieht im Sommer viele Bienen und andere Insekten an.

Zier-Kirsche
Prunus spec.

J	F	M	A	M	J	J	A	S	O	N	D

☽ ☀

Pflanzabstand: 1–4,5 m

Wuchs/Sorten: Früchte nicht essbar. 'Amanogawa' (4–6 m hoch, 1,5–2 m breit) wächst schlank-aufrecht. 'Kiku-shidare-zakura' blüht gefüllt und wächst malerisch überhängend (bis 4,5 m hoch und breit). Die rundlich wachsende 'Brillant' (bis 2 m hoch und bis 1,2 m breit) hat eine prächtige Herbstfärbung.
Pflege: Im Frühjahr mit 3 l/m² Kompost düngen. Zier-Kirschen braucht man nicht zu schneiden. Wenn, dann schneidet man direkt nach der Blüte.
Extra-Tipp: Super als Deko in der Vase.

■ = Pflanzung ■ = Blütezeit ☀ Sonne ☽ Halbschatten ● Schatten

Schneeball
Viburnum spec.

Pflanzabstand: 1–2 m

Wuchs: 0,8–2,5 m hoher Strauch mit weißen bis rosafarbenen Blütenbällen.
Arten: Winter-Schneeball (*V. × bodnantense*) wird nur 1,5 m hoch, blüht vor den Blättern. Hauptblütezeit ist wie beim Duft-Schneeball (*V. farreri*) von Ende Februar bis Mitte April. *V. × carlcephalum* bringt im April/Mai bis zu 13 cm große Blütenbälle hervor.
Pflege: Im Frühjahr mit 3 l/m² Kompost düngen. Beim Schnitt auslichten.
Extra-Tipp: Es gibt immergrüne Arten, etwa den Lorbeer-Schneeball (1,5 m).

Wildrose
Rosa spec.

Pflanzabstand: 1,5–2 m

Wuchs: Malerisch überhängende Triebe und sehr gesundes Laub. Die meisten Wildrosen blühen nur einmal für 4–5 Wochen, dann aber reichlich.
Arten: Die Damaszener Rose duftet umwerfend, Weinrosen bilden dichte Blütenhecken, und die Bourbon-Rose blüht mehrmals.
Pflege: Im Frühjahr ein paar Handvoll Kompost sind willkommen, aber kein Muss. Zum Zeitpunkt der Forsythienblüte totes Holz entfernen und alle zwei bis drei Jahre einige der ältesten Triebe bodennah abschneiden.

Strauchrose
Rosa spec.

Pflanzabstand: 0,8–1,5 m

Wuchs: Von den Wildrosen erbten sie den majestätischen Wuchs (1–2 m hoch und breit), den Duft und das robuste Wesen, von den modernen Rosen die Ausdauer: Öfter blühende Sorten blühen, von unterschiedlich langen Pausen unterbrochen, von Mai/Juni bis zum Frost.
Sorten: 'Karl-Ploberger-Rose' (gelb), 'Westerland' (kupferorange), 'Larissa' (rosa).
Pflege: Zum Austrieb und im Juni mit Volldünger in Granulatform versorgen. Beim Schnitt auslichten (→ Seite 132).

Gar nicht zum Heulen: Zwiebelblumen

Beim Anblick von Schneeglöckchen und Co. werden höchstens Freudentränen vergossen, schließlich läuten sie den lang ersehnten Frühling ein. Und dieses Festtagsgeläut können Sie jetzt vorbereiten.

Beim Anblick der ersten Frühlingsblüher geht selbst dem härtesten Kerl das Herz auf – zumal Zwiebelblumen zu den dankbarsten Geschöpfen der Gartenwelt überhaupt gehören. Viele Arten vermehren sich beispielsweise willig, indem sie an der Mutterzwiebel kleine Brutzwiebeln bilden, die sich einfach abnehmen und an anderer Stelle in die Erde stecken lassen. Diese Vermehrungsfreudigkeit kann man sich auch zunutze machen, um langweilige Rasenflächen oder kahle Stellen unter Bäumen in bunte Blütenteppiche zu verwandeln. Wild-

Tulpen, Schneeglöckchen, Krokusse und Busch-Windröschen eignen sich besonders gut zum Verwildern – und vermehren sich über die Jahre von allein.

Viel Freude, wenig Arbeit

Dabei machen sie bis aufs Pflanzen kaum Arbeit: Gießen im Sommer bleibt einem erspart, weil sich die klugen Pflänzchen nach der Blüte in die Erde zurückziehen und den Sommer einfach verschlafen. Und wer Rasenmähen hasst, hat im Spätfrühling eine wunderbare Ausrede parat oder kann zumindest ein paar schwungvolle Kurven um die Zwiebelblumen einlegen: Man sollte die Blätter nach der Blütezeit nämlich keinesfalls abschneiden, weil die Pflanzen die darin enthaltenen Nährstoffe in der Zwiebel einlagern und für die nächste Saison speichern. Als zusätzlichen Kraftstoff kann man ihnen Kompost anbieten, den man vor (!) der Blüte, also am besten im Februar, sehr dünn, maximal 1 cm hoch, auf der Fläche verteilt. Kraftpakete wie Garten-Tulpen, Narzissen und Kaiserkronen düngt man mit einem Volldünger in Granulatform, wenn sie etwa 10 cm hoch sind (Achtung, er darf nicht in den Blatttrichtern landen). Oder man gönnt ihnen bis zum Ende der Blütezeit wöchentlich ins Gießwasser gemischten Flüssigdünger.

Frühlingsblüher machen gute Laune und sind eine wichtige Nektarquelle für Insekten.

Schnell gemacht

FRÜHLING IM TOPF:

Frühling und Herbst friedlich vereint? Nichts leichter als das, sagen sich die Topfgärtner, die ihre Kästen und Kübel zum Herbst hin ohnehin neu bepflanzen wollten. Denn wer jetzt ein paar Blumenzwiebeln in der Erde unter den neuen Balkonbewohnern versteckt, kann sich im Frühling ohne zusätzliche Arbeit über bunte Blüten freuen. Und das je nach Art schon früh im Jahr.

1. Drainage anlegen

Auf einen guten Wasserabzug in den Pflanzgefäßen sollte man ohnehin immer achten, bei Zwiebelblumen ist es aber besonders wichtig, da sie bei Staunässe schon nach kurzer Zeit zu faulen beginnen. Wer auf Nummer sicher gehen will, füllt zuerst Kies oder Blähton ein (je nach Gefäßhöhe 3–10 cm hoch), gibt darauf eine erste Erdschicht und dann noch etwa 2–3 cm hoch groben Sand. Alternativ kann man zum Auffüllen einen Mix aus zwei Drittel Blumenerde und einem Drittel Sand verwenden.

2. Zwiebeln einsetzen

Auf welcher Höhe diese Drainageschicht angelegt wird, hängt von der Pflanztiefe der Zwiebelblumen ab, Tulpen beispielsweise setzt man etwa 12 cm tief – immer mit dem „Zipfel" nach oben. Auf die Tulpen kommt erneut Erde, und dann setzt man die Herbstpflanzen ein, zum Beispiel Herbst-Alpenveilchen, Fetthenne und ein schönes Gras. Zum Schluss kann man zwischen die Pflanzen noch Blumenzwiebeln stecken, die nur wenige Zentimeter tief in die Erde sollen, etwa Krokusse, Traubenhyazinthen oder Schneeglöckchen. Jetzt noch angießen, und schon erfreut man sich vom Herbst bis zum nächsten Sommer an schönen Kästen und Töpfen.

Schritt für Schritt: Zwiebeln setzen

Während sich andere auf den Winter einstellen, sind Gärtner in Gedanken schon längst wieder beim Frühling: Wer jetzt in ein paar Blumenzwiebeln investiert, wird im nächsten Frühjahr reich belohnt.

NÜTZLICHE HELFER FÜR EINEN BUNTEN FRÜHLINGSANFANG:

Blumenzwiebeln   **Blumenzwiebelpflanzer**   **Sand**   **Wühlmausschutz aus Drahtgeflecht**   **Gießkanne**

Zuerst die Blumenzwiebeln auf dem Beet oder Rasen auslegen. Besonders natürlich wirkt die Verteilung, wenn man eine Handvoll Zwiebeln in die Luft wirft und dort pflanzt, wo sie liegen bleiben.

1

Wenn Sie die Zwiebeln einzeln in den Boden setzen möchten, leistet ein Blumenzwiebelpflanzer gute Dienste, er funktioniert ähnlich wie ein Apfelentkerner: In die Erde bohren, rausziehen, fertig ist das Loch – und auf Knopfdruck ist es wieder zugeschüttet. Alternativ können Sie auch mehrere Zwiebeln auf einmal setzen, indem Sie eine Rasensode entfernen, die Zwiebeln in der richtigen Tiefe (Pflanzenporträts → Seite 116) in den Boden legen und die Rasensoden wieder daraufsetzen. In schwere Böden sollten Sie zunächst eine 3–5 cm starke Schicht groben Bausand als Drainage in das Pflanzloch geben und die Zwiebeln darauf betten. Ist der Boden sehr trocken, die Fläche anschließend gut angießen. Kleiner Tipp: Machen Sie eine Blumenzwiebel-Tauschbörse mit Freunden auf, so kommen Sie in den Genuss besonders vieler toller Frühlingsblüher.

Mit dem Blumenzwiebelpflanzer ist im Nu ein Loch ausgehoben: Mit einer Drehbewegung bohre ich ihn in die Erde und ziehe ihn vorsichtig wieder heraus. Die Erde bleibt im Zylinder hängen.

Jetzt kommt die Zwiebel in das Loch - bei leichten Böden direkt auf die Erde, bei schwerem Lehmboden fülle ich zuvor etwas Sand als Drainage in das Pflanzloch. Dafür mache ich das Loch entsprechend tiefer.

Nun halte ich den Pflanzer darüber und lasse die Erde herausfallen. Ein bisschen festklopfen und, falls es schon lange nicht mehr geregnet hat, angießen - fertig.

Wo Wühlmäuse ihr Unwesen treiben, verderbe ich ihnen mit solchen Drahtkörben das Festmahl. Wer sich den Wühlmausschutz selbst gebastelt hat, probiert am besten vorher aus, ob die Größe passt.

115

Best of Zwiebelblumen – die gelingen immer

Tulpe
Tulipa spec.

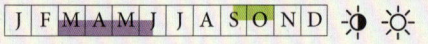

J F M A M J J A S O N D ◑ ☀

Pflanzabstand: 15–20 cm | Pflanztiefe: 10–20 cm

Sorten: Garten-Tulpen gibt es in allen Farben außer in Blau. Viridiflora-Tulpen haben attraktive grüne Streifen auf den Blütenblättern. Die Blüten der Papageien-Tulpen sind wild gefranst und oft mehrfarbig. Höhe: 30–60 cm.

Extra-Tipp: Die Pflanztiefe sollte mindestens den dreifachen Längsdurchmesser betragen. Wild-Tulpen wie die spitzblütigen *Tulipa tarda* (10 cm hoch) und *T. kaufmanniana* (20 cm) sowie *T. fosteriana* (40 cm) sind langlebig und sehr gut zum Verwildern geeignet.

Narzisse
Narcissus spec.

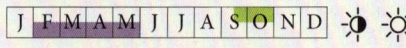

J F M A M J J A S O N D ◑ ☀

Pflanzabstand: 10–15 cm | Pflanztiefe: 15–20 cm

Sorten: Viele gefüllte und mehrfarbige Sorten in Nuancen von Rein- und Cremeweiß über Apricot bis zu strahlendem Gelb. Dichter-Narzissen und Reifrock-Narzissen eignen sich sehr gut zum Verwildern.

Extra-Tipp: Sind bei Wühlmäusen eher unbeliebt. Für die Vase schneidet man Narzissen, wenn sich das erste Gelb zeigt. Da sie für andere Pflanzen giftigen Milchsaft absondern, stellt man sie für gemischte Sträuße erst nach einem Tag und mit frischem Wasser versehen zusammen mit anderen Blumen in dieselbe Vase.

Krokus
Crocus spec.

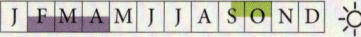

J F M A M J J A S O N D ☀

Pflanzabstand: 10 cm | Pflanztiefe: 7–10 cm

Sorten: Viele verschiedene Nuancen von Weiß, Gelb und Violett. 'Tricolor' vereint alle drei Farben. Zum Verwildern sind *Crocus angustifolius* (gelb) und der Dalmatiner Krokus (*C. tommasinianus*, lila) sehr gut geeignet. Die Blüten der Wildarten sind kleiner.

Extra-Tipp: In kleinen Grüppchen gesetzt sehen sie am schönsten aus. Recht unbekannt, aber wunderschön sind auch die herbstblühenden Arten, darunter der Safran-Krokus, aus dessen Staubgefäßen das kostbare Gewürz gewonnen wird.

■ = Pflanzung   ■ = Blütezeit   ☀ Sonne   ☼ Halbschatten   ● Schatten

Schneeglöckchen
Galanthus nivalis

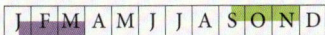 ● ☽ ☀

Pflanzabstand: 10 cm | Pflanztiefe: 10 cm

Pflege: In Ruhe lassen, auch nicht düngen, da zusätzliche Nährstoffe das Blattwachstum auf Kosten der Blütenbildung anregen.

Sorten: Alle Sorten verwildern sehr schnell. 'Flore pleno' blüht gefüllt, 'Viridapice' hat hellgrüne Blütenspitzen.

Extra-Tipp: Schneeglöckchen duften, das fällt besonders auf, wenn man sie im Haus genießt: Im Herbst in Schalen pflanzen, nach dem ersten Frost im Haus kühl und dunkel stellen und nach frühestens zwei Wochen an einen hellen Platz im Warmen. Erde feucht halten.

Traubenhyazinthe
Muscari spec.

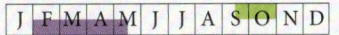 ● ☽ ☀

Pflanzabstand: 10 cm | Pflanztiefe: 10 cm

Sorten: 'Album' blüht reinweiß im Februar und März, 'Blue Pearl' tiefblau im März und April. Im April stimmen die bildhübschen Hybriden 'Peppermint' (hellblau) und 'Pink Sunrise' (rosa) und die blaue, weißspitzige 'Mount Hood' in den Blütenreigen ein.

Extra-Tipp: Falls sich die Frühblüher zu sehr ausbreiten, können Sie einen Teil der Zwiebeln herausnehmen und verschenken – oder sie im Zaum halten, indem sie einen Teil der welken Pflanzen einfach abschneiden. Sie sehen aber auch hübsch aus in der Vase.

Hyazinthe
Hyacinthus orientalis

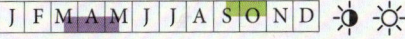 ☽ ☀

Pflanzabstand: 10–15 cm | Pflanztiefe: 10–15 cm

Sorten: Die Standardfarben sind Rosa, Weiß und Blau. Extravagant präsentieren sich 'City of Harlem' (hellgelb), 'Gipsy Queen' (lachsorange) und 'Woodstock' (purpurviolett). Vorgetriebene Hyazinthen fürs Haus können Sie nach der Blüte ins Freiland pflanzen.

Extra-Tipp: Werden die Blüten mit den Jahren kleiner, graben Sie die Pflanzen nach dem Verwelken der Blätter aus, nehmen vorsichtig die Brutzwiebeln ab (das sind die kleinen Zwiebeln, die an der Hauptzwiebel sitzen) und pflanzen sie an einem anderen Platz wieder ein.

Das große Aufräumen

Langsam, aber sicher neigt sich der Herbst dem Ende zu – Zeit, Pflanzen und Gartengeräte winterfit zu machen, damit sie die kalte Jahreszeit gut überstehen.

Pflanzgefäße lassen sich mit einer preisgünstigen Spül- oder Klobürste leicht reinigen. Die Edelvariante sind Blumentopfbürsten (→ Foto rechts).

Sommerblumen haben ihren Lebenszyklus nun beendet und kommen auf den Kompost. Wer will, kann auf den frei gewordenen Beetflächen noch bis Anfang Dezember Winterweizen oder -roggen als Gründüngung aussäen. Das frische Grün wird im Frühjahr drei Wochen vor der ersten Aussaat oder Bepflanzung in den Boden eingearbeitet. Im Staudenbeet oder im Kübel warten einige Arten darauf, zurückgeschnitten zu werden: Stockrose, Mädchenauge und Kokardenblume etwa sollten Sie bereits Ende September eine Handbreit über den bodennahen Blättern kappen, das fördert die Langlebigkeit. Bei sich stark versamenden Arten wie Goldrute oder Akelei ist zumindest ein teilweiser Rückschnitt sinnvoll, wenn die Pflanzen nicht durch den ganzen Garten vagabundieren sollen. Bei Schafgarbe, Purpursonnenhut und Co. verschieben Sie den Rückschnitt besser aufs Frühjahr: Sie bieten auch im verblühten Zustand einen hübschen Anblick, besonders wenn Väterchen Frost sie mit glitzernden Eiskristallen schmückt oder ihnen Mützchen aus Schnee aufsetzt.

An Winterschutz denken

Frostempfindliche Arten und, gerade in rauen Gegenden, neu gepflanzte Stauden sind für eine Abdeckung aus Fichtenzweigen dankbar. Diese kommen auch bei empfindlichen Rosensorten zum Einsatz: Zunächst häufeln Sie etwa 15 cm hoch Erde oder Kompost an (→ Foto), dann bedecken Sie die noch herausragenden Triebe mit den Zweigen. In die Kronen von Hochstammrosen ein paar Fichtenzweige stecken, dann sind sie ebenfalls gut gegen die Kälte gerüstet. Über Herbstlaub als natürlichen Winterschutz freuen sich Waldpflanzen und Bodendecker – auf dem Rasen hingegen sollten Sie es regelmäßig zusammenrechen, denn es klaut dem Gras das lebensnotwendige Licht.

Die alten Blütenstände dienen zahlreichen Insekten als Winterquartier.

Das Anhäufeln mit Erde oder Kompost schützt den empfindlichen Wurzelhals von Rosen vor Frost.

Entfernen Sie noch anhaftende Erdreste und kontrollieren Sie die Knollen auf Schadstellen.

Sie können es gleich als Schutz für frostharte Kübelpflanzen weiterverwenden (→ Seite 120), die im Winter draußen bleiben.

Ab ins Haus heißt es hingegen für aus warmen Ländern Zugereiste: Sie überwintern an einem frostfreien, aber kühlen Platz im Haus, mit 10 Grad Celsius kommen viele gängige Arten gut zurecht. Immergrüne wie der Oleander sollten hell stehen, laubabwerfende Exemplare wie der Hibiskus tolerieren auch Dunkelheit. In den Winterschlaf geht es auch für Dahlien und Gladiolen. Befreien Sie die Knollen vor den ersten strengen Frösten von Laub und anhaftender Erde (→ Foto) und versehen Sie sie mit einem Schildchen, auf dem Sie Sorte, Höhe und Blütenfarbe notieren. Danach kommen die Knollen in einer Kiste mit Sand oder auf einem Drahtgitter an einen luftigen, dunklen Platz – frostfrei, aber nicht wärmer als 5 Grad Celsius.

Ende Oktober wird zudem der Rasen ein letztes Mal gemäht. Den Rasenmäher sollten Sie anschließend reinigen und an einem trockenen Platz verstauen. Auch Schaufeln, Scheren und andere treue Helfer freuen sich über eine kleine Abreibung und ein Tröpfchen Öl, bevor sie in den Keller oder ins Gartenhaus dürfen. Zu guter Letzt noch den Zulauf von Außenwasserleitungen abdrehen, die Leitungen leeren (Hahn bis zum Frühjahr offen lassen) und außen liegende Leitungsteile mit Noppenfolie oder Sackleinen umwickeln.

Schritt für Schritt: Kübelpflanzen einpacken

Warme Füße sind das Wichtigste, da hatte Oma schon recht: Wenn der Wurzelballen gut geschützt ist, stehen die Chancen auf eine erfolgreiche Überwinterung schon mal sehr gut.

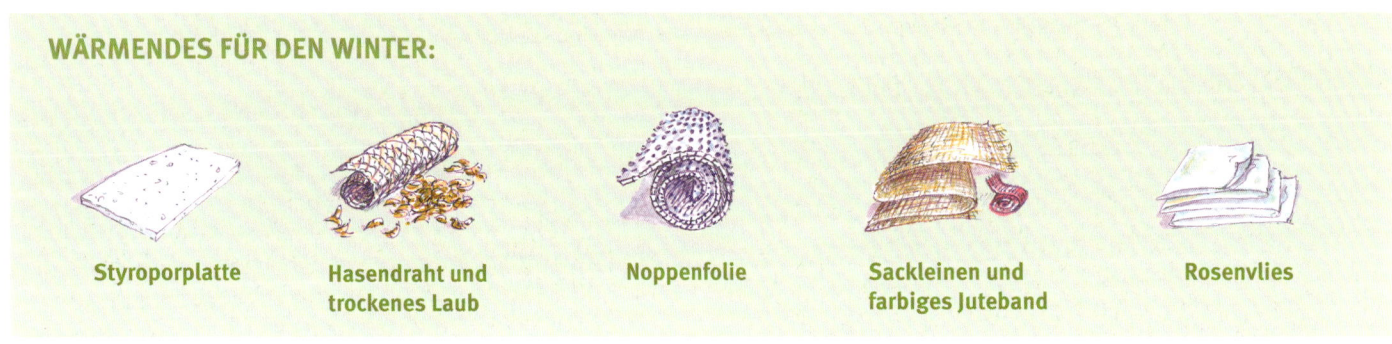

WÄRMENDES FÜR DEN WINTER:

Styroporplatte

Hasendraht und trockenes Laub

Noppenfolie

Sackleinen und farbiges Juteband

Rosenvlies

> Styropor ist eine super Sache, denn es isoliert sehr gut gegen Bodenkälte. Platten gibt's preiswert im Baumarkt, einfach auf die passende Größe zurechtschneiden.

Und hier kommen die Strategien gegen Frostbeulen: Stellen Sie den Kübel auf kleine Holzklötzchen oder Keramikfüßchen, denn da kalte Luft nach unten sinkt, ist jeder Zentimeter Höhe ein Pluspunkt. Keramikfüßchen sind ganzjährig nützlich, weil sie den Wasserabzug verbessern, müssen aber genau wie der Kübel frostfest sein. Diesen umgeben Sie dann mit Hasendraht oder einer Weidenmatte und füllen den Zwischenraum mit Stroh, Laub oder Styroporflocken. Damit sich das Füllmaterial nicht überall verteilt, sollte der Draht oder die Matte ruhig 20–30 cm höher sein als der Topfrand, oben eventuell ein wenig umbiegen. Tipp: Styroporflocken und -leisten sowie Noppenfolie werden bei Paketen häufig als Verpackungsmaterial verwendet, einfach aufheben. Apropos Folie: Umwickeln Sie niemals den oberirdischen Teil einer Pflanze mit luftundurchlässigem Material, sie würde faulen und absterben.

Für den Rundumschutz stelle ich eine Bast- oder Weidenmatte so um den Kübel herum, dass noch 20-30 cm Platz zwischen Matte und Kübel ist. Den Zwischenraum fülle ich locker mit Stroh oder Laub auf. Man kann auch mehrere Gefäße zusammenstellen.

Um die Krone einer Hochstammrose gegen die Kälte zu wappnen, stülpen wir ihr ein spezielles Rosenvlies über. Alternativ kann man für die wärmende Kopfbedeckung auch Sackleinen oder Fichtenzweige verwenden.

3

Jetzt noch eine passende Schleife drumherum, und schon ist das Buchsbäumchen für den Winter gerüstet.

Als Kälteschutz kann man Kübel auch in Noppenfolie wickeln. Und weil die nicht so schön aussieht, gibt's noch ein schmuckes Mäntelchen aus Sackleinen.

4

5

Schrebergarten: Von wegen nur für Spießer!

Wenn es spießig ist, gleich ums Eck ein Fleckchen Grün zu haben, auf dem man jederzeit Ausspannen, mit Freunden grillen und Gemüse ziehen kann – dann ist das Spießerdasein gar nicht so schlecht.

Kleingartenvereine, das sind doch die mit den strengen Regeln, wo die Heckenhöhe mit dem Zentimetermaß kontrolliert wird und jeder über jeden wacht – oder? Ralph und Jenny wussten es zum Glück besser, weil sie oft im Schrebergarten von Ralphs Mutter zu Besuch waren. Als diese die Arbeit alleine nicht mehr schaffte und der kleine Maximilian im Anmarsch war, stand schnell fest: Den Garten übernehmen wir!

* Was war denn für Euch der Hauptgrund, dem Kleingartenverein beizutreten? Schon das Wort Verein wirkt ja auf viele junge Leute abschreckend ...

Jenny: Da wir den Garten schon kannten, wussten wir ja, dass viele Klischees heute längst nicht mehr stimmen: Unter unseren Nachbarn sind viele Familien mit Kindern, und die Vereine bemühen sich aktiv darum, neue junge Mitglieder zu bekommen. Außerdem haben wir in unserer Wohnung weder

Den Garten zu übernehmen, war eine unserer besten Entscheidungen – und Maximilian ist ohnehin total gerne hier, weil es immer so viel zu erleben gibt. Bestimmt will er schon bald sein eigenes Eimerchen und Schäufelchen haben.

Garten noch Balkon, und der Schrebergarten liegt nur drei Radminuten entfernt, sodass wir bei gutem Wetter nahezu täglich dort vorbeischauen.

Ralph: Der Garten ist wirklich unser Ruhepol geworden – und Maximilian findet ihn sowieso toll: Überall sind bunte Farben, immer bewegt sich was, und ganz besonders haben es ihm die Vögel angetan.

* Wie kommt man denn an so einen Garten ran, die sind doch bestimmt begehrt?

Jenny: Ja, wir hatten da echt Glück, dass wir den Garten von Ralphs Mutter übernehmen konnten. Normalerweise muss man erst eine Fördermitgliedschaft beantragen und mitunter schon mal ein bis drei Jahre warten, bis eine Parzelle frei wird. Währenddessen zahlt man einen geringen Vereinsbeitrag.

Ralph: Für die Gartenübernahme selbst wird dann eine Ablösesumme fällig, die sich nach der Gartengröße und dem Inventar richtet – eine Parzelle mit Solaranlage auf dem Häuschen ist dann zum Beispiel entsprechend teurer. Meist kommen so drei- bis fünftausend Euro zusammen. Danach zahlt man lediglich einen geringen Quadratmeterpreis sowie die Kosten für Strom und Wasser. Für unser 225 Quadratmeter großes Grundstück kommen jährlich 240 Euro zusammen, also 20 im Monat, das ist völlig ok.

> Wenn er im Garten herumkrabbeln darf oder Papa auf der Decke mit ihm spielt, ist Maximilian glücklich. Und ich kann in Ruhe Rosmarin zum Kochen ernten.

> Dieses Jahr haben wir unter anderem Kartoffeln angebaut, die sind lecker, pflegeleicht und lockern den Boden.

> Dass mir jetzt keiner das Gesicht verzieht, wenigstens ein Gartenzwerg gehört ja wohl dazu, oder? Einer muss schließlich nachts die Stellung halten.

❋ 225 Quadratmeter sind ja gar nicht mal so wenig: Habt Ihr denn viel zu tun, oder könnt Ihr auch mal faulenzen?

Ralph: Na klar, sonst würden wir das auch nicht machen, es soll ja Spaß machen und nicht in Stress ausarten! Die Hängematte ist der absolute Lieblingsplatz im Garten und wird oft genutzt. Wir haben Obstbäume, die wir natürlich schneiden und beernten, und dieses Jahr haben wir unter anderem Zucchini, Kartoffeln, Rettich, Knoblauch, Zwiebeln, Chilis, Kräuter und mehrere Sorten Tomaten und Gurken angebaut.

Jenny: Nächstes Jahr wollen wir unter anderem Bohnen und Auberginen ausprobieren und einen Teil der Himbeerpflanzen roden, um dort Stachelbeeren und Johannisbeeren zu pflanzen. Das ist übrigens sehr praktisch: Wenn man mal Fragen zum Pflanzen oder Schneiden hat, findet sich immer ein Nachbar, der einem weiterhilft. Gerade die älteren Gartenbesitzer haben ein unheimliches Wissen, das sie gerne weitergeben. Trotzdem sind sie echt locker drauf. Die Kommunikation zwischen den Generationen funktioniert hier super, und es wird gerne auch mal gemeinsam gefeiert. Wir wollen unseren Schrebergarten nicht mehr missen.

WINTER

SIND ALLE PFLANZEN WINTERFIT GE-
MACHT, BEGINNT AUCH FÜR DIE GÄRT-
NER DIE **GEMÜTLICHE PHASE** DES JAH-
RES – ZEIT, UM DIE SCHNAPPSCHÜSSE
DER ERSTEN GARTENSAISON DURCHZU-
SEHEN ODER SICH MIT FREUNDEN ZUM
SCHLITTENFAHREN ZU TREFFEN, UM
DANACH ZUR SCHWUNGVOLLEN ERÖFF-
NUNG DES **RUMTOPFES** ÜBERZULEITEN.

Achtung, fertig – gärtnern!

	1 Das macht besonders Spaß	**2** Das ist schweißtreibend
Dezember 	 EINE **FUTTERGLOCKE** ODER SELBST GEMACHTE FUTTERPLÄTZCHEN SEHEN TOLL AUS UND LOCKEN VIELE VÖGEL AN.	 Ab in die weiße Pracht! Das lästige Schneeschippe verwandelt sich im Nu in eine ausgelassene **Schneeballschlach**
Januar 	**HER MIT DER FARBE** SOBALD SILVESTER VORBEI IST, MACHEN VORGETRIEBENE PRIMELN LUST AUF FRÜHLING ...	 **Leidenschaftliche Gärtner** üben sich jetzt in der Disziplin „Kataloge stemmen": Was gibt es für neue Sorten, welche Pflanzen will ich unbedingt haben?
Februar 	FRÜHLING VORAUS! ES GEHT VORWÄRTS, DIE ERSTEN FRÜHLINGS-BLÜHER IN TÖPFEN SCHMÜCKEN BALKON UND HINTERHOF!  	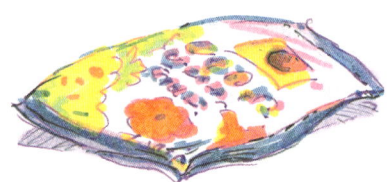 Das Kribbeln in den Fingern wird stärker – es kann ja nicht schaden, schon mal einen kleinen Sack Erde auf dem Balkon zu lagern ...

3 Das kann man jetzt genießen

DER ÜBER DEN SOMMER GUT GEFÜLLTE **RUMTOPF** IST JETZT DURCHGEZOGEN UND SCHMECKT EINFACH HERRLICH ...

KRASSE KRESSE

ELBST AUF FEUCHTEN KÜCHENTÜCHERN AUERT ES NUR WENIGE TAGE, BIS SIE DAS RSTE WÜRZIGE GRÜN ERNTEN KÖNNEN.

FRISCHE KRÄUTER
ON DER FENSTERBANK GEBEN EINEN ORGESCHMACK AUF DEN FRÜHLING.

4 Bloß nicht vergessen

AN FROSTFREIEN TAGEN IMMERGRÜNE GIESSEN.

SCHNIPP SCHNAPP

Jetzt ist noch Gelegenheit für den Winterschnitt von Obstbäumen und vielen Ziersträuchern.

FRÜHJAHRSPUTZ: JETZT IST DER RICHTIGE ZEITPUNKT, UM AUFGEHÄNGTE **NISTKÄSTEN** ZU SÄUBERN.

5 Das können Sie mit anderen teilen

Am **4. Dezember**
Barbarazweige vom Kirschbaum schneiden. **Mit etwas Glück** blühen sie pünktlich zu Weihnachten ...

Machen Sie sich gemeinsam auf die Suche nach einem **Schrebergarten** oder einem Stück Feld zur Pacht, oder sprechen Sie mit dem Hausmeister die Nutzung des Hofes ab.

DIE SAMENTAUSCHBÖRSE ÖFFNET: WER HAT NOCH GURKENSAMEN ÜBRIG, WER BRAUCHT NOCH TOMATENSAATGUT?

127

Willkommen im Winter-Garten!

Von wegen, im Winter ist im Garten und auf dem Balkon nix los: Sowohl einige Beetbewohner als auch niedliche Zaun- und Futtergäste locken uns hinaus – und wenn es dann erst schneit …

Zu tun gibt es immer etwas: Wer im Herbst Feldsalat ausgesät hat, sollte ihn bei stärkerem Frost mit einem wärmenden Vlies abdecken. Aber keine Panik, falls es zwischenzeitlich schon geschneit haben sollte: So empfindlich, wie die zarten Blätter aussehen, sind sie gar nicht. Bis etwa −15 Grad Celsius lässt sie Frost buchstäblich kalt, und Schnee ist im Pflanzenreich ohnehin eher willkommen, da auch er wie eine schützende Decke wirkt. Eine Vliesabdeckung hat allerdings den Vorteil, dass Sie an frostfreien Tagen auch im schneebedeck-

ten Garten ernten können. Die weiße Pracht hat aber noch einen weiteren Vorteil: Das Schmelzwasser versorgt die Gartenpflanzen mit Feuchtigkeit. Das ist besonders für Immergrüne wichtig, denn bei Buchs, Bambus, Rosmarin und Co. hält die Verdunstung über die Blätter auch im Winter an.

Gießen nicht vergessen

Viele angebliche Frostschäden, die sich nach dem Winter zeigen, sind in Wahrheit Trockenschäden. Denken Sie deshalb daran, an frostfreien Tagen gelegentlich Ihre Immergrünen zu gießen, besonders die in Töpfen und Kübeln. Problematisch ist Schnee, wenn er in Massen auf Hecken und dichtgewachsenen Sträuchern liegen bleibt: Damit unter der Schneelast keine Äste abbrechen, sollten Sie die weiße Pracht herunterschütteln. Weiter geht's im Haus: Auch Kübelpflanzen im Winterquartier sollten Sie gelegentlich – sparsam – wässern (die Erde darf zwischendrin ruhig mal ein, zwei Wochen vollständig trocken sein) und sie bei der Gelegenheit gleich auf Schädlinge kontrollieren. Früh erkannt, lassen sie sich gut in den Griff bekommen. Auch ein Blick ins Obstlager lohnt sich: Sehen die Früchte alle noch gut aus oder hat die eine oder andere Faulstellen? Dann nichts wie raus damit!

Macht am meisten Spaß, wenn jemand druntersteht: Schnee abschütteln.

Schnell gemacht

- - - - - - - - - - - - - - - - - -

VOGELFUTTERPLÄTZCHEN:

1. Fett erwärmen
Rinder- oder Kokosfett in einem Topf erwärmen – nicht kochen! Dann die gleiche Menge einer Körnermischung hineinrühren.

2. In Plätzchenformen gießen
Die Masse abkühlen lassen, in die Formen füllen und mit einer Stricknadel durchstechen, wenn sie fast ausgehärtet ist. Alternativ kann man das Gemisch in einen Tonblumentopf geben. Durch das Bodenloch vorher eine längere Kordel mit Knoten in der Mitte ziehen: Das eine Ende dient zum Aufhängen, am unteren Ende können sich die Vögel festkrallen.

3. Plätzchen aufhängen
Für Weichfutterfresser wie Rotkehlchen und Meisen können Sie einen Apfel dazuhängen. Es dauert garantiert nicht lange und das neue Fly-in-Restaurant wird zum Vogeltreffpunkt.

Gut in Form: Obstgehölze schneiden

Ein regelmäßiger Schnitt sorgt dafür, dass junge Bäume sich prima entwickeln, Obstbäume in der Mitte ihres Lebens auch wirklich hohe Erträge bringen und selbst „Best Ager" noch eine gute Figur machen.

Das ganze Jahr über war so viel los – und jetzt? Bevor Sie der Winterblues packt oder Sie vom vielen Däumchendrehen noch Muskelkater bekommen, schnell die Astschere zücken, und dann geht's raus zum Gehölzschnitt. Die Arbeitsverteilung ist tatsächlich einer der Gründe, warum sich auch die Profis vorwiegend im Zeitraum von Anfang November bis Mitte März ans Schneiden von Bäumen und Sträuchern machen – während der restlichen Saison haben sie einfach zu wenig Zeit. Grundsätzlich gilt: Ein Rückschnitt im November hat einen stärkeren Neuaustrieb zur Folge als ein Rückschnitt im Spätwinter. Wer ältere oder schwachwüchsige Bäume zu mehr Triebwachstum anregen möchte, schneidet also schon im Spätherbst, bei stark wachsenden Bäumen hingegen greifen Sie besser erst Ende Februar zur Schere – oder entscheiden sich für den Sommerschnitt und treten damit richtig auf die Bremse. Kirschen und anderes stark „blutendes" Steinobst sollte man grundsätzlich im Sommer schneiden, wenn sich Schnittwunden und damit potenzielle Eintrittspforten für Krankheiten schnell schließen (→ Seite 90).

Einmaleins des Schneidens

Prinzipiell kann man auch bei Zier- und Kernobstbäumen wie Apfel und Birne alle Schnittmaßnahmen im Sommer durchführen. Für Anfänger hat der Winter als Schnittzeitraum allerdings einen unschlagbaren Vorteil: Ohne Blätter erkennt man den Aufbau der Baumkrone wesentlich besser. Zu den Eingriffen, die auch Anfänger gut durchführen können, zählt das Wegschneiden sogenannter Wasserschosser. Diese langen, steil nach oben ragenden Triebe bilden sich häufig auf der Oberseite der Seitenäste und tun eigentlich nichts, außer dem Baum Kraft zu rauben. Auch ins Kroneninnere ragende Äste sollten Sie entfernen,

Nach dem Schnitt bilden die drei bis vier Leitäste eine flache Pyramide.

HOLZHÄCKSEL FÜR GARTENWEGE:

Oft fällt bei Schnittmaßnahmen wesentlich mehr Schnittgut an, als man für den Kompost gebrauchen kann. Macht aber nix, denn Holzhäcksel eignen sich sehr gut für Gartenwege.

✳ Einen Häcksler können Sie in vielen Baumärkten leihen. Wählen Sie, falls möglich, einen Messerhäcksler, der die Zweige in gleichmäßige Stücke zerhackt. Walzenhäcksler zerquetschen das Schnittgut, wodurch es super zu kompostieren, als Bodenbelag aber weniger brauchbar ist.
✳ Handschuhe und eine Schutzbrille mit Seitenschutz sind beim Arbeiten Pflicht, auch ein Gehörschutz ist sinnvoll, und wenn man zehnmal wie ein Marsmensch aussieht.

denn durch das Plus an Sonnenlicht reifen die Früchte besser aus und das Risiko für Pilzkrankheiten sinkt, weil es in der Krone wieder schön luftig ist. Auch Ziergehölzen tun diese Maßnahmen gut.
Als Faustregel für Obstbäume können Sie sich zudem merken: Der Baum sollte in seinen äußeren Umrissen eine aus drei bis vier Leitästen gebildete flache Pyramidenform besitzen (→ Foto links), denn ein Ast bildet umso mehr und gleichmäßiger Früchte, je waagerechter er wächst. Um diese Form beizubehalten, kann man bei Bedarf auch die Spitze des mittleren Leittriebs und die seitlichen Haupttriebe kürzen. Schneiden Sie dabei immer über einem nach außen zeigenden Auge –

und nie bei Frost: Durch die Kälte sind die Äste spröder und können reißen – was weder dem Baum noch Ihnen gut bekommt.
Wie bitte, das alles macht Ihnen jetzt schon Angst? Das ist absolut verständlich, nicht umsonst gibt es dicke Wälzer nur zum Thema Schnitt, und die beschriebenen Maßnahmen sind nur als grobe Orientierungshilfen zu verstehen. Was absolut empfehlenswert ist und Ihnen Ihre Angst mit Sicherheit nehmen wird, ist einfach mal einen Schnittkurs bei einem Kleingarten- oder Gartenbauverein mitzumachen, wo Sie unter Anleitung üben können. Obstliebhaber können sich zudem für Säulenobst entscheiden, dessen Schnitt wirklich jeder hinbekommt (→ Seite 90).

So blüht Ihnen was: Ziergehölze schneiden

Keine Angst vor Schere und Säge, viele Bäume, Sträucher und sogar Rosen sind gar nicht so schwer zu schneiden, wie man glaubt. Wer sich erst einmal getraut hat, wird schnell immer sicherer.

Info

Sie haben keine Lust auf regelmäßiges Schneiden? Zaubernuss, Kornelkirsche und Magnolie sind ganz Ihrer Meinung, tun Sie sich doch zusammen.

Und weil man gerade beim Thema Schnitt schnell Erfolgserlebnisse braucht, geht es mit einer guten Nachricht los: Zahlreiche Baumarten wie Robinie, Trompetenbaum, Ahorn oder Esche gibt es in ausgesprochen eleganten Kugelformen, die nicht nur bezüglich ihres Aussehens rundum empfehlenswert, sondern auch denkbar einfach im Schnitt sind: Sie können alle Äste einheitlich auf die gewünschte Länge stutzen oder sie sogar bis auf einen Stumpf von 30 cm zurücknehmen. Was sich radikal anhört und zunächst auch grauselig aussieht, ist im Frühsommer längst vergessen: Die robusten Bäume treiben rasch wieder aus und nehmen ganz von selbst wieder ihre attraktive Kugelform an. Die kugeligen Gesellen gedeihen sogar in großen Pflanzkübeln, brauchen dann allerdings wie alle Kübelpflanzen einen Winterschutz.

Einmaleins des Schneidens

Auch der Rosenschnitt, der zu Beginn der Forsythienblüte durchgeführt wird, ist halb so schlimm. Kugelige Hochstammrosen etwa behandeln Sie ähnlich wie Kugelbäume, indem Sie die Triebe einfach rundum auf 20–40 cm Länge zurückschneiden. Bei allen Rosengruppen kürzen Sie sehr dünne, beschädigte und erfrorene (bis unter die Rindenoberfläche braune) Triebe bis ins gesunde Holz oder bis zur Ansatzstelle ein. Öfterblühende Rosen, wozu die meisten modernen Sorten zählen, schneidet man jährlich: Beet- und Edelrosen nehmen Sie auf etwa fünf Knospen je Trieb zurück, also je nach Wuchsstärke auf 20–40 cm. Breit wachsende Kleinstrauchrosen können Sie etwa alle vier Jahre auf eine Höhe von etwa 25 cm stutzen, bei Strauchrosen wird nur

Forsythien sollten Sie alle zwei bis drei Jahre schneiden, damit sie nicht vergreisen.

ausgelichtet (→ Zeichnung). Bei Kletter-
rosen erhält man die langen Haupttriebe,
kürzt aber die Seitentriebe auf drei bis fünf
Knospen ein. Wildrosen und andere einmal
blühende Rosen lichten Sie nur aus, indem
Sie vierjährige oder ältere Triebe, die nur
noch spärlich blühen, bodennah entfernen.
Die meisten frühblühenden Ziergehölze
wie Forsythie und Ranunkelstrauch blühen
am ein- oder mehrjährigen Holz. Um die
volle Blütenpracht genießen zu können,
schneiden Sie diese Gehölze direkt nach der
Blüte: Alte, stark verästelte Triebe bodennah
entfernen oder um etwa die Hälfte knapp
über einem gut gewachsenen Neuaustrieb
kappen. Neuere Triebe kürzen Sie um ein
Drittel ein, um eine bessere Verzweigung zu
erzielen (→ Zeichnung links).
Spätblühende Gehölze wie Sommerflieder
(→ Zeichnung), Rispen-Hortensie und Bart-
blume bilden ihre Blütenknospen hingegen
am frisch getriebenen Holz. Stutzen Sie
diese Sträucher Anfang Februar radikal auf
eine Höhe von 20−40 cm (zwei bis drei
Knospen je Trieb müssen stehen bleiben).
Dadurch regen Sie die Bildung neuer Triebe
an und können sich über eine reiche Blütenpracht freuen. Als Verjüngungsschnitt
eignet sich eine solche Radikalkur übrigens
auch für Frühjahrsblüher wie die Forsythie,
allerdings fällt die Blüte dann in diesem
Jahr aus. Achtung: Die beliebten Bauern-
Hortensien haben ihre Blütenknospen
bereits im letzten Jahr gebildet. Schneiden
Sie im Frühling vor der Blüte daher nur die
alten Blütenstände knapp über der ersten
heilen Knospe ab und entfernen Sie drei- bis
vierjährige Triebe direkt überm Boden.

Einen radikalen Rückschnitt dankt der
Sommerflieder mit umso üppigerer Blüte.

Bei Strauchrosen entfernt man tote, kranke
Triebe und mehr als fünf Jahre alte Triebe.

Winterzeit: Zeit zum Planen

Der Winter ist alles andere als eine Zwangspause! Nutzen Sie die Zeit, um sich mit der Gestaltung Ihrer kleinen Oase zu beschäftigen – die nächste Saison kommt schneller als gedacht.

Info

In vielen Städten bieten Vereine, Volkshochschulen oder Landschaftsarchitekten Seminare zur Gartengestaltung und zum Gehölzschnitt an.

Wenn es draußen stürmt oder schneit, macht man es sich am besten mit einem heißen Kakao auf dem Sofa gemütlich, lässt das Gartenjahr noch einmal Revue passieren und überlegt, was nächstes Jahr alles im Garten, im Hof oder auf dem Balkon passieren soll. Vermutlich haben Sie schon tausend Ideen im Kopf, deshalb machen Sie sich am besten einen Wunschzettel, auf dem Sie zunächst einmal alles sammeln, was Ihnen gefällt: Surfen Sie im Internet, wälzen Sie Kataloge, Zeitschriften und Gartenbücher oder schneiden Sie Bilder, die Ihnen gefallen, aus Zeitschriften und Broschüren aus. Nach dem Vergnügen kommt die Arbeit – aussortieren und den Wunschzettel auf ein in Sachen Platz und Zeit realistisches Maß herunterkürzen: Was muss ich unbedingt sofort haben und worauf kann ich notfalls verzichten? Wer ganz genau planen will, misst den zur Verfügung stehenden Platz aus und fertigt sich eine Skizze auf Millimeterpapier an. Oder Sie machen einfach ein Foto der Fläche (möglichst weit von oben) und legen anschließend Butterbrotpapier darüber. Hier können Sie nun aufmalen, wo welche Pflanzen hinpassen würden, wo neue Wege verlaufen sollen oder wo sich ein Sitzplatz gut machen würde.

Forschergeist wecken

Auf größeren Flächen ist es besonders wichtig, dem Raum Struktur zu geben: Ein schlauchähnlicher Hof oder Garten etwa wirkt vor allem deshalb so langweilig, weil man ihn schon von der Toreinfahrt aus komplett überblicken kann – wie spannend, gähn ... Der Trick: Unterbrechen Sie die Sichtachse, verstellen Sie also den direkten Blick auf das Grundstücksende. Im Hof kann das zum Beispiel durch ein breites Hochbeet mit Rankspalier geschehen, das man von der Wand her quer in den Raum stellt, im Garten können Sie einen lebenden Weidenzaun

Eine verschlungene Wegeführung macht neugierig und lädt zur Entdeckungstour ein.

einziehen oder ein paar Blütensträucher pflanzen. Das Resultat: Ein Teil des Grundstücks bleibt verborgen – und das weckt die Neugier: Was liegt wohl dahinter? Zusätzlich können Sie Blickfänge einbauen, die von der Schlauchform ablenken, zum Beispiel eine schöne Holzbank an der Hofmauer, eine Kräuterspirale, ein Feuerbohnentipi oder ein Insektenhotel (→ Seite 148).

Buntstifte und Millimeterpapier sind beim Planen hilfreich.

Gerade Wege vermeiden

Je nachdem, wie lang der Hof oder Garten ist, kann man sogar mehrere solcher „Zimmer" einrichten – am besten so, dass man nicht geradewegs von einem auf das nächste zusteuert, sondern auch mal eine Kurve laufen muss. Dadurch wirkt das Grundstück noch mal größer. Diesen Effekt erzielt man auch, wenn ein Teil des Grundstücks etwas höher liegt als der Rest: Ein Holzpodest mit einem Sitzplatz und schönen Kübelpflanzen am Ende eines Hofs oder Gartens wirkt automatisch wie ein eigener Raum. Der unterschiedliche Bodenbelag verstärkt diesen Eindruck noch – ein Trick, den Sie bei der Weg- und Sitzplatzgestaltung generell gezielt einsetzen können: Holz, Platten, Pflastersteine, Rasen, Kies, Rindenmulch, Holzhäcksel, Muscheln, die Auswahl an Materialien ist groß. Wägen Sie allerdings auch ihre Vor- und Nachteile ab: Holz wirkt wunderbar warm und je nach Einsatzgebiet natürlich oder edel, allerdings sollte man es ab und zu ölen. Rasen will gemäht werden, organisches Material wie Holzhäcksel müssen Sie gelegentlich nachfüllen, und Kies geht gerne mal auf Wanderschaft in Rasen oder Beete.

Hier lässt es sich super ausruhen und feiern. Durch das Mäuerchen wirkt der Sitzplatz wie ein eigener Raum.

Gestaltung: Beete zum Anbeten

Natürlich können Sie pflanzen und säen, wie es Ihnen lieb ist. Ein paar einfache Gestaltungstricks können aber hilfreich sein, um aus einem „Ach, wie nett" ein ehrliches „Wow!" zu machen.

Das gilt für Beet- wie für Topfgärtner. Grundsätzlich können Sie zum Beispiel über die Farbgebung steuern, ob ein ohnehin begrenzter Raum noch kleiner wirkt oder aber einen Hauch von Großzügigkeit und Weite ausstrahlt: Je bunter Bepflanzung, Sitzgelegenheiten und Accessoires sind, desto enger und unruhiger erscheint das Gesamtbild.

Durch die flächige Anordnung wirkt das Beet trotz Artenvielfalt ruhig und klar gegliedert.

Beschränkt man sich hingegen auf einen Farbton oder wenige ähnliche Nuancen, treten die Grenzen optisch zurück und die Szenerie wirkt deutlich ruhiger – was nach einem stressigen Arbeitstag und dem Verkehrsgewusel auf dem Nachhauseweg sehr erholsam sein kann. Besonders luftig-leicht kommen Pastellfarben daher, vor allem in Kombination mit entsprechend filigranen Pflanzen wie Wicken oder Jungfer-im-Grünen. Weiß oder Weiß-Blau bringen im Sommer eine angenehme Frische in den Garten, und ein Balkon erhält mit passenden Accessoires wie Muscheln, Treibholz und einem Fischernetz im Nu einen maritimen Look. Zu schattigen Hinterhofgärten passt eine zurückhaltende Gestaltung in elegantem Grün-Weiß.

Drama, Baby!

Wer sich nach einem drögen Bürotag hingegen nach einem Energieschub sehnt, der legt mit einer Gestaltung in knalligem Rot einen spektakulären Auftritt hin. Weiß blühende Pflanzen und weiße Accessoires verstärken die Leuchtkraft aller Farben, so auch von Rot, bei dem sie zudem das eher kompakt wirkende Gesamtbild auflockern. Warm ums Herz wird Ihnen, wenn Sie sich für anregendes Orange als Tonangeber entscheiden. Und sonnige Gemüter wählen leucht-

TRITTSTEINE GIESSEN:

Um trockenen Fußes durch den Garten oder durchs Beet zu gelangen, sind Platten super – vor allem wenn Sie auch noch eine individuelle Note haben.

❋ Dafür etwas Fertigbeton mit Wasser anrühren. Dann Blätter mit interessanter Form oder Struktur (z.B. Farn, Ahorn oder Kastanie) in einen Topfuntersetzer aus Kunststoff legen und den Beton darauf verteilen.

❋ Platte aushärten lassen, herausnehmen, Blatt entfernen, fertig. Ähnlich lässt sich eine originelle Vogeltränke herstellen: Ein Rhabarberblatt auf einen Hügel aus feuchtem Sand legen und den – nicht zu flüssigen – Beton darauf verteilen.

endes Gelb, das selbst an trüben Tagen für gute Laune sorgt. Damit keine Langeweile aufkommt, kombinieren Sie einfach verschiedene Blüten-, Blatt- und Wuchsformen miteinander, zum Beispiel die imposanten Fackellilien mit den rundlichen Blüten der Färberkamille, den breiten Blütentellern der Schafgarbe, den sternförmigen Blüten der Taglilie und dem duftigen Nadelblättrigen Mädchenauge. Und natürlich können Sie in jede Gestaltung auch Gemüsepflanzen und Kräuter einbinden – viele berühmte Gartendesigner verwenden beispielsweise Dill. Bei der Frage „Was kommt wohin?" erinnern Sie sich einfach mal an früher: Gehörten Sie in Ihrer Schulzeit auch zu den Auserwählten,

von denen auf Klassenfotos mit Glück ein ganzes Auge zu sehen war, meist aber nur ein Ohr oder der Haarschopf? Während das damals manchem sogar ganz recht war, wäre es im Beet wirklich schade, wenn man die Hälfte der versammelten Schönheiten gar nicht zu Gesicht bekäme. Darum lautet die Faustregel beim Pflanzen: Versetzt pflanzen, und zwar die Großen nach hinten – beziehungsweise in die Mitte, wenn es sich um freistehende Beete oder Kübel handelt –, dann die mittelhohen Arten, und die Kleinen dürfen ganz nach vorne. Das Ganze brauchen Sie allerdings nicht stoisch durchzuziehen, sonst wirkt es schnell sehr statisch. Optimal ist eine sanft gewellte Beetoberfläche.

With a little help from my friends

Gemeinschaftsgärten sind mehr als nur eine Zweckgemeinschaft grundstücksloser Pflanzenfans:
Wer nette Menschen unterschiedlichster Kulturen kennenlernen möchte, ist hier genau richtig.

Gärtner haben nicht nur das schönste Hobby der Welt, sie finden auch besonders schnell neue Freunde, denn begeisterte Pflanzenfans gibt es überall, in jedem Land und in jeder Stadt. Kein Wunder, dass vielerorts schon vor Jahrzehnten interkulturelle Gärten gegründet wurden, in denen Menschen aus aller Herren Länder miteinander graben und pflanzen, ernten und feiern und dabei viel über die unterschiedlichen Kulturen lernen. Die „Wabengärten", die 2010 auf dem Gelände des Ökologischen Bildungszentrums (ÖBZ) in München entstanden, sind dagegen vergleichsweise neu: „Eigentlich hatten die Münchner Guerilla-Gärtner einfach nur einen Platz gesucht, um für ihre Aktionen selbst Pflanzen heranzuziehen", berichtet Christine Leyermann, die seit etwa einem Jahr regelmäßig zum Gärtnern in die Englschalkinger Straße kommt. „Wie sich bald zeigte, dauerte die Anzucht für ihre Zwecke zwar viel zu lang, aber der Garten hat schnell viele Freunde gefunden und ist geblieben." Sie selbst ist am „Tag der offenen Tür" auf den Garten aufmerksam geworden, der jedes Jahr am letzten Sonntag im Juni stattfindet: „Ich wollte so gerne ein bisschen gärtnern, aber nicht in einem Verein mit starren Regeln. Die Wabengärten sind eine tolle Alternative: Ein harter Kern von etwa acht Leuten kümmert sich hier um den Betrieb, alle anderen kommen, so oft sie eben Zeit und Lust haben – ganz ohne schlechtes Gewissen."

Hier gibt es keine Klassen, nur Gärtner

Das wäre auch kontraproduktiv, schließlich soll der Garten vor allem eines sein: ein Ort zum Wohlfühlen und Kraftschöpfen. Und zum Austauschen: „Hier kommen Menschen zusammen, die sich sonst vielleicht nie kennengelernt hätten", erklärt Christine, was für sie den besonderen Reiz der Wabengärten ausmacht. „Die Architektin jätet Unkraut neben dem Biologiestudenten, ein Arzt fachsimpelt mit einer Hartz-IV-Empfängerin über Kräuter, ein Rentner pflanzt gemeinsam mit einer Informatikerin." Zusammen mit den Teilnehmern verschiedener sozialer betreuter Projekte gärtnern sie einträchtig nebeneinander auf bislang neun wabenförmigen

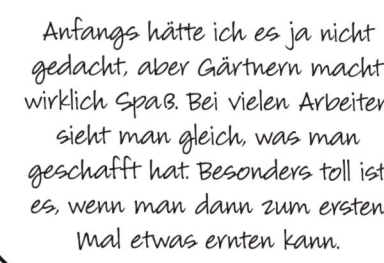

Anfangs hätte ich es ja nicht gedacht, aber Gärtnern macht wirklich Spaß. Bei vielen Arbeiten sieht man gleich, was man geschafft hat. Besonders toll ist es, wenn man dann zum ersten Mal etwas ernten kann.

> Ob Blumen, Kräuter oder Gemüse, hier kann jeder anbauen, was ihm gefällt.

> Wenn wir nicht gerade gärtnern, sitzen wir gerne zusammen und unterhalten uns. Der Bauwagen ist dazu ein beliebter Treffpunkt - und unser Gartenhausersatz.

> Einige Arbeiten sind schon ganz schön schweißtreibend. Aber hier ist alles freiwillig. Wer keine Lust mehr hat, macht einfach eine Pause - und schaut den anderen beim Arbeiten zu.

Parzellen, die jeweils etwa 30 Quadratmeter umfassen. „Gärtnern hilft dabei, den Kopf freizubekommen, es ist wie eine Auszeit von den Problemen, die jeder so mit sich herumschleppt, und ein wunderbarer Ausgleich zur Büroarbeit", sagt Christine, die sich momentan vor allem mit dem Thema essbare Blüten beschäftigt, während andere gerade einen Kräuter- und Heilpflanzengarten aufbauen.

Kräuter-Plausch zur Brennnesselpizza

Auch ihr Sohn Rémis fühlt sich pudelwohl in dem biologisch bewirtschafteten Garten, in dem ein bunter Bauwagen und zahlreiche Sitzgelegenheiten zum gemütlichen Zusammensitzen einladen. „Die ersten Male bin ich eigentlich nur mitgekommen, um meiner Mutter beim Wegtragen der vielen Steine zu helfen, die sie aus dem Boden gelesen hatte", erinnert sich der 22-jährige Student. „Aber mittlerweile gefällt es mir hier sehr gut – auch wenn man schon mal so exotische Sachen wie Brennnesselpizza zu probieren bekommt." Die hat übrigens beiden sehr gut geschmeckt. Vorbehalte sind hier eben in jeder Hinsicht fehl am Platz, in dem Punkt sind sich alle Wabengärtner einig.

PFLANZEN-DOC

AUCH PFLANZEN HABEN WEHWEHCHEN – ABER ZUM GLÜCK AUCH IHREN PERSÖNLICHEN **GESUNDHEITSMANAGER.** UND DER IST STETS ZUR STELLE, WENN ES DARUM GEHT, EINE GEKNICKTE SONNENBLUME ZU SCHIENEN ODER ETWAS GEGEN **BLATTLAUS UND CO.** ZUSAMMENZUBRAUEN. SO SCHNELL KOMMEN SIE NIE WIEDER AN EINEN DOKTORTITEL!

Mischkultur: Multikulti im Beet

Zusammen sind wir stark, das gilt auch im Gemüsebeet: Von einer bunten Durchmischung profitieren letztlich alle – und wer sich nicht leiden kann, geht sich einfach aus dem Weg.

Info

Mediterrane Kräuter wirken durch ihre zähen, ledrig-trockenen Blätter und die ätherischen Öle wie eine Art natürlicher Schneckenzaun (→ Seite 146).

In Töpfen und Kübeln stehen die meisten Gemüsearten räumlich getrennt voneinander, von Hochbeeten einmal abgesehen (→ Seite 76). Im Freiland allerdings wachsen meist verschiedene Gemüse auf demselben Beet – aus Platzgründen oder auch, weil es viel schöner aussieht als Mini-Monokulturen. Wer auf diese sogenannte Mischkultur setzt, sollte sich vorab ein paar Gedanken darüber machen, welche Arten idealerweise nebeneinander wachsen. Gute Nachbarn sollten beispielsweise einander nicht bedrängen oder um Nährstoffe und Wasser wetteifern, deshalb ist es günstig, Flach- und Tiefwurzler miteinander zu kombinieren, zum Beispiel Salat und Möhren. Da sie sich aus unterschiedlichen Bodenschichten ernähren, kann man sie dichter setzen als Flachwurzler neben Flachwurzler. Auch die Fläche unter hochaufragenden Pflanzen wie Mangold oder dem attraktiven Palmkohl können Sie nutzen, etwa für Radieschen oder Spinat.

Mischkultur fördert die Pflanzengesundheit und macht Gemüsebeete auch optisch zum Genuss.

Auf gute Nachbarschaft

Auch unter Gemüsepflanzen gibt es Nachbarn, die sich gut verstehen, und solche, die einander nicht riechen können. Und zwar teils wortwörtlich: Die ätherischen Öle und Wurzelausscheidungen mancher Pflanzen können andere Arten bis an den Rand des Absterbens bringen oder sie krankheitsanfälliger machen. Als grobe Regel gilt: Möglichst keine nahe verwandten Pflanzen wie Bohnen und Erbsen, Blumenkohl und Brokkoli oder Möhren und Pastinaken nebeneinander anbauen. Sie stammen aus derselben Familie und ziehen dieselben Schädlinge an. Auch zeitlich sollte man miteinander unverträgliche Pflanzen möglichst nicht hintereinander anbauen, was es etwa bei der Fruchtfolge zu beachten gilt (→ Seite 73). Diese

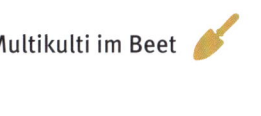

Tagetes sehen hübsch aus und schrecken Fadenwürmer ab, die Missbildungen an Gemüse verursachen können.

Regeln gelten auch für Hochbeete und für sonstige Pflanzgefäße, in denen die Erde nicht ausgetauscht wird.

Praktischerweise sind dieselben Düfte und Wurzelsekrete, die einigen Arten das Leben schwer machen können, bei anderen potenziellen Nachbarn hochwillkommen, denn sie halten ihnen zum Beispiel Schädlinge vom Leib. Die ätherischen Öle von Sellerie und Tomatenpflanzen beispielsweise schrecken Kohlfliegen ab, und zwischen Erdbeerreihen gesteckter Knoblauch kann dem Befall mit Grauschimmelpilzen entgegenwirken. Vor allem Kräuter sind oftmals zuverlässige Pflanzenwächter: Bohnenkraut beispielsweise hat eine abschreckende Wirkung auf Bohnenläuse, und Basilikum hilft passenderweise Tomaten (aber auch anderen Fruchtgemüsearten wie Zucchini und Gurken), indem es die Weiße Fliege fernhält und die Widerstandsfähigkeit der Pflanzen gegenüber Mehltau stärkt. Andere Kräuter verbessern die Situation der Gemüsepflanzen indirekt, indem sie zum Beispiel viele bestäubende Insekten, anlocken wie Borretsch zwischen Gurkenpflanzen.

Die meisten Mischkulturtipps basieren auf dem gesammelten Wissen langjähriger Gärtner, aber auch hier ist nichts in Stein gemeißelt. Das oft empfohlene Traumpaar Möhren und Zwiebeln beispielsweise soll sich gegenseitig die Möhren- und Zwiebelfliegen vom Hals halten. Die Bayerische Landesanstalt für Gartenbau und Weinbau rät davon aber ab, da die beiden Gemüsearten unterschiedliche Ansprüche an die Nährstoff- und Wasserversorgung stellen. Dieser Nachteil wiegt nach Erfahrung der Experten schwerer als der vergleichsweise geringe Schutzeffekt. Letztendlich muss jeder Gärtner auch seine eigenen Erfahrungen sammeln – aber genau dieses leicht anarchische Moment, das Experimentieren fernab aller Dogmen, macht das Gärtnern ja auch so spannend.

Krankheiten: Kriegen Pflanzen Fieber?

Wer seine Tomaten niesen hört, sollte sich entweder bei Akte X bewerben oder seinen Alkoholkonsum überdenken. Fakt ist jedoch, dass auch Pflanzen krank werden können.

Info

Befallene Pflanzenteile am besten über den Hausmüll entsorgen, um Krankheitserreger nicht versehentlich mit dem Kompost im Garten zu verteilen.

Gequält werden sie dabei vom selben Dreigestirn, das auch uns Menschen zu schaffen macht: Viren, Bakterien und Pilzen. Und auch im Pflanzenreich lautet der wichtigste Rat des Doktors: Wer fit ist, bleibt gesund. Pflanzen, die sich ausgewogen ernähren, genügend trinken und sich in ihrem nachbarschaftlichen Beetumfeld wohlfühlen, sind gegen potenzielle Krankheitserreger wie auch gegen Schädlinge gut gewappnet. Zur Pflanzengesundheit können Sie aber noch einiges mehr beitragen. Der einfachste und effektivste Weg: Fragen Sie beim Pflanzen-

kauf nach Sorten, die gegen die wichtigsten Krankheiten der jeweiligen Art resistent oder zumindest wenig anfällig dafür sind. Viren und Bakterien können zudem nur über Pflanzenporen oder über Wunden eindringen – und dort müssen sie erst einmal hinkommen, etwa durch Spritzwasser oder abperlende Wassertropfen, über die sich auch Pilzsporen rasch verbreiten. Ansonsten sind viele Erreger auf Überträger, zum Beispiel saugende Insekten oder den Gärtner mit Schere oder Messer, angewiesen. Daraus folgt: 1. Nicht zu eng pflanzen.

Feuchtigkeit begünstigt den Befall mit Mehltaupilzen wie hier an der Rose.

Die Kraut- und Braunfäule kann innerhalb kurzer Zeit die Tomatenernte verderben.

TOMATENHAUS BAUEN:

Nasse Blätter führen bei Tomaten schnell zur Kraut- und Braunfäule (→ Foto 144), hervorgerufen von dem Pilz *Phytophthora infestans*. Benetzen Sie beim Gießen daher nicht die Blätter und schützen Sie die Pflanzen vor Regen mit einem Tomatendach.

* Je nach Größe vier oder mehr Holzpfosten etwa 50 cm tief in den Boden schlagen. Planen Sie das Haus nicht zu niedrig, 180–200 cm hoch sollte es schon sein.
* Dann mit Gewächshausfolie überspannen oder mit Wellplatten aus lichtdurchlässigem Kunststoff bedecken – am besten leicht schräg, damit Regen gut ablaufen kann.

Dadurch trocknen die Pflanzen nach dem Regen rasch ab und die Ansteckungsgefahr sinkt. 2. Insekten vorbeugen, die Pflanzenkrankheiten übertragen (→ Seite 146). 3. Nur scharfe Scheren und Messer verwenden und sie – wie alle Gartengeräte – regelmäßig reinigen und mit Alkohol desinfizieren.

Ernstfall eingetreten

Ist doch mal eine Pflanze erkrankt, sollten Sie umgehend befallene Pflanzenteile entfernen und kranke Triebe bis ins gesund aussehende Gewebe zurückschneiden. Ist der Befall noch im Anfangsstadium, können Pflanzenauszüge und Co. helfen (→ Seite 71) – allerdings erhöhen sie nur die Widerstandskraft der Pflanzen. Wer stark befallene Exemplare mit aller Macht retten will, findet natürlich im Giftschrank der Gartencenter viele Mittelchen und kann sich entsprechend beraten lassen. Diese helfen aber nur gegen Pilzbefall, den Sie oft an weißlichen bis grauen Belägen auf den Blattober- oder -unterseiten oder den Früchten erkennen (→ Fotos). Bei Bakteriosen und Virosen können Sie nur Schadensbegrenzung betreiben und sollten stark in Mitleidenschaft gezogene Exemplare besser früher als zu spät entsorgen. Zudem reizt die meisten am Anbau von Gemüse und Obst ja gerade, dass kein Gift zum Einsatz kommt ...

Fiese Viecher: Schädlinge im Garten

Blattläuse, Schnecken, Spinnmilben und Gemüsefliegen: Eine ganze Armada gieriger Monster scheint es auf unsere kostbaren Pflänzchen abgesehen zu haben – Zeit für eine gute Verteidigungsstrategie.

Einen leichten Schädlingsbefall verkraften die meisten Pflanzen problemlos, oft sind es eher die Menschen, die ein (optisches) Problem damit haben. Treten Blattläuse und Co. allerdings in Massen auf, können Aussehen, Fruchtbarkeit und Vitalität der Pflanzen stark leiden, oder die armen Gesellen sterben sogar ab. Da schwächelnde Pflanzen für Schädlinge eine leichte Beute darstellen, sind das Vorbeugen durch gute

Marienkäfer bzw. ihre Larven sind die natürlichen Feinde der Blattläuse.

Wachstumsbedingungen und eine regelmäßige Kontrolle der Pflanzen die effektivsten Schutzmaßnahmen. Viele Schädlinge können Sie zudem durch mechanische Schutzvorrichtungen fernhalten. Schneckenzäune beispielsweise sind für Fressmaschinen wie die Rote Wegschnecke ein unüberwindbares Hindernis (→ Zeichnung und Foto rechts). Auch Kräuter können Barrierefunktion übernehmen (→ Seite 143), und der Igel ist ein natürlicher Fressfeind (→ Seite 148). Möhrenfliege, Kohlfliege, Zwiebelfliege, Porreeminierfliege und anderen im Gemüsegarten häufig anzutreffenden Arten machen Sie einen Strich durch die Rechnung, indem Sie von der Aussaat- oder Pflanzzeit bis zur Ernte dichtmaschige Kulturschutznetze oder -vliese über die Beete spannen (→ Foto rechts). Wichtig: Bedecken Sie die Seiten von Vlies oder Netz mit Erde oder beschweren Sie sie mit Steinen, damit sie dicht schließen und sich keine Schlupflöcher bilden.

Gefährliche Verlockungen

Ähnlich machen Sie es bei Ihren Obstgehölzen: Um Apfelwickler und Co. zu entgehen, fängt man die Falter frühzeitig ab, etwa mit ab Ende September am Stamm angebrachten Leimringen, an denen flugfaule Arten beim Zufußgehen kleben bleiben. Im März

Das Netz locker spannen, damit die Pflanzen es emporheben können, oder einen Tunnel verwenden.

Achten Sie darauf, dass angrenzende Pflanzen keine Brücken über den Schneckenzaun bilden.

angebracht, halten sie Ameisen und Blattläuse fern. Einige Falterarten haben auch eine Vorliebe für bestimmte Farben, die man sich mit bunten Klebetafeln zunutze machen kann. Und die Schwäche der Faltermännchen für weibliche Duftstoffe, sogenannte Pheromone, nutzt man mit entsprechenden Lockstofffallen gnadenlos aus. Sie hängt man vorbeugend in den Obstbäumen auf, in der Regel etwa Mitte Mai (Bezugsquellen → Seite 154)

Eine wirklich gemeine Spezies sind Spinnmilben, die sich vor allem bei trockener Luft, wie sie zum Beispiel auf Südbalkonen herrscht, in Säulenobstbäumen und anderen Pflanzen breitmachen: Anfangs fallen nur einige hellere Blätter auf, die irgendwann, ohne zu vertrocknen, gen Boden

segeln. Nach ein paar Tagen sind es schon ein paar mehr, und sieht man bereits die feinen Gespinste mit den winzigen Pflanzensaftsaugern zwischen den Zweigen, muss man verdammt schnell sein. Im Anfangsstadium hilft es oft noch, die Pflanzen zu isolieren, eventuell zurückzuschneiden und regelmäßig mit Wasser einzunebeln oder abzuduschen. Später kann man nur noch mit Pflanzenschutzmitteln gegensteuern oder die Pflanzen verloren geben. Empfehlenswert sind in diesem Zusammenhang Neembaum-Präparate, die bienenfreundlich, im biologischen Landbau zugelassen und ungefährlich für Menschen und Haustiere sind. Sie wirken gegen viele saugende Insekten, darunter Blattläuse, Weiße Fliege und Minierfliegen.

Nützlinge: Tierisch nette Helfer

Machen Sie Ihren Garten oder Hinterhof zum Mini-Biotop: Ihre neuen Gäste bedanken sich, indem sie eifrig Ihre Pflanzen bestäuben oder sich über Schädlinge hermachen.

Das hätte man dem Marienkäfer kaum zugetraut: Seine Larven verputzen Tag für Tag Dutzende Blattläuse, was ihnen den Spitznamen „Blattlauslöwe" einbrachte. Auch die Larven der als Mini-Wespen getarnten Schwebfliegen haben es auf die fiesen Krabbler abgesehen, und die der zartgrünen Florfliegen können an einem einzigen Tag sogar bis zu 100 Blattläuse aussaugen. Ohrwürmer kann man ebenfalls um Hilfe bitten (→ Kasten). Eine noch härtere Gangart legen Schlupfwespen an den Tag, die unter anderem gegen Weiße Fliegen, Minierfliegen

und Apfelwickler helfen: Sie legen ihre Eier in die Körper der Schädlinge, sodass sich ihre Larven nach dem Schlüpfen direkt in der Speisekammer wiederfinden. Sie bekämpfen tierische Plagegeister oftmals effektiver und nachhaltiger als chemische Pflanzenschutzmittel und sind völlig ungefährlich – zumindest für uns Menschen.

Schöner wohnen

Bei akutem Befall kann man viele Nützlinge sogar kaufen und direkt an die Pflanzen setzen (Bezugsquellen → Seite 159). In naturnahe Gärten kommen sie aber auch ganz von alleine. Gartenteiche, Totholzhaufen, alte Baumstümpfe und Insektenhotels (→ Foto) sind wertvolle Kleinbiotop. Als Grundstücks- oder Hochbeeteinfassung bietet sich eine Trockenmauer an, die Eidechsen als Sonnenplatz und Schlupfwinkel dient. Und der als Schneckengourmet bekannte Igel ist für einen Laubhaufen als Winterquartier dankbar. Wer Bienen, Hummeln und Schmetterlinge anlocken möchte, setzt auf Nektarpflanzen wie Kugeldisteln, Purpursonnenhut und Sommerflieder und vermeidet Pflanzen mit gefüllten Blüten, denn die sind für Insekten uninteressant. Lassen Sie in einer Gartenecke ein paar Brennnesseln als Futter für Schmetterlingsraupen stehen.

Ein gekauftes oder selbst gebautes Insektenhotel wird dankend angenommen.

Schnell gemacht

OHRWURMGLOCKE:

1. Blumentopf befüllen

Einen Strick mit Knoten in der Mitte durch einen Tonblumentopf ziehen (in Kunststofftöpfen wird es den Tieren zu heiß). Dann füllen Sie den Topf mit Holzwolle oder Stroh.

2. Verschließen

Ein Stück Hasendraht, das hinter dem Topfrand befestigt wird, hält das Füllmaterial im Topf. Alternativ ein Orangennetz mit dem Material befüllen und am Strick festknoten.

3. Aufhängen

Nun hängen Sie die Ohrwurmglocke in einem Baum oder Strauch auf. Tipp: Besonders schnell wird sie angenommen, wenn Sie sie im zeitigen Frühjahr in der Nähe potenzieller Winterquartiere (Hecken, Gestrüpp, Totholzhaufen) aufstellen. Dann bei Bedarf dort platzieren, wo akuter Blattlausbefall herrscht.

Platzverweis für lästige Beikräuter

So hübsch sie mitunter sind, in Beeten und Töpfen haben Löwenzahn und Co. nichts verloren, denn hier schnappen sie den Kulturpflanzen Licht, Wasser und Nährstoffe vor der Nase weg.

> Viele Unkräuter sind echte Delikatessen: Gänsefuß bereite ich wie Spinat zu, Brennnesseln ergeben eine köstliche Suppe, und Sauerampfer schmeckt gut im Salat.

Nun gehört Unkrautjäten zugegeben nicht zu den beliebtesten Gartenarbeiten. Die Giftspritze ist allerdings auch keine Lösung, zumal die meisten der angepriesenen Mittelchen auch andere Pflanzen in Mitleidenschaft ziehen und deshalb nur gezielt auf die einzelnen Unkräuter gespritzt werden dürfen – viel Spaß, da kann man auch gleich zupfen. Häufig ist das Unkrautjäten aber auch deshalb eine echte Sisyphusarbeit, weil

Mithilfe eines Löwenzahnstechers lässt sich die lange Wurzel herausziehen.

einfach drauflosgehackt und gezogen wird, ohne das Wesen der Unkräuter zu berücksichtigen. Das kann dazu führen, dass man durchs Bekämpfen die Ausbreitung einzelner Arten sogar noch fördert – klarer Fall von dumm gelaufen.

Hacken: Top oder Flop

Prinzipiell unterscheidet man zwei Gruppen von Unkräutern: Samenunkräuter und Wurzelunkräuter. Zu den Samenunkräutern gehören beispielsweise Löwenzahn, Vogelmiere, Franzosenkraut, Gänsefuß, Hirtentäschel, Melde und Ehrenpreis. Bei ihnen geht es vor allem darum, sie nicht zur Blüte kommen zu lassen, denn sonst breiten sie sich schlagartig aus. Ein besonders harter Brocken ist der mehrjährige Löwenzahn: Er hat eindeutig etwas gegen Zwangsräumungen und ist mit seiner langen Pfahlwurzel exzellent im Boden verankert. Sehr hilfreich sind hier spezielle Löwenzahnstecher (auch für Distelwurzeln geeignet), die tief in den Boden eindringen und die Wurzel sicher packen und entfernen (→ Foto). Die meisten anderen Samenunkräuter sind einjährig und lassen sich mit ein und demselben Arbeitsgerät wirkungsvoll bekämpfen: mit der Hacke. Gehen Sie damit immer wieder durch die Reihen, sobald sich frisches Grün zeigt.

Was gegen Samenunkräuter vortrefflich hilft, hätte bei Wurzelunkräutern fatale Folgen: Brennnesseln, Giersch, Acker-Schachtelhalm, Acker-Kratzdisteln, Gundermann und viele Kleearten breiten sich durch unterirdische Wurzelsprosse aus und haben eine an und für sich sehr praktische, für den Gärtner aber nervtötende Eigenschaft: Wird ein solcher Wurzelspross geteilt, wachsen aus beiden Teilstücken neue Pflanzen Ha- cken ist somit bei diesen Pflanzen tabu, hier hilft nur konsequentes Herausziehen. Beim Giersch (→ Foto), dem wohl meistgehassten Unkraut überhaupt, klappt das am besten mit einer Grabegabel oder einer gekrümmten Gierschgabel, mit deren Hilfe sich die langen Wur- zelstränge annähernd im Ganzen herausziehen lassen.

Zartes Grün? Raus damit!

Generell gilt: Beginnen Sie mit dem konsequenten Hacken und Jäten, sobald sich das erste Grün auf den Beeten zeigt. Das Ziel: Die eigentlichen Gartenpflanzen sollen sich auf einer nahezu unkrautfreien Fläche entwickeln können. Haben sie dann nämlich erst einmal einen Wachstumsvorsprung erlangt, sind es die danach aufkommenden Unkräuter, die beim Gerangel um Licht, Nährstoffe, Wasser und Wurzelraum das Nachsehen haben. Auf stark verunkrauteten Flächen kann es sinnvoll sein, eine Mulchfolie (aus dem Gartencenter) über das Beet zu breiten: Die permanente Dunkelheit schwächt die Unkräuter, während die durch Pflanzlöcher eingesetzten Kulturpflanzen unbehelligt Sonne und Frischluft tanken können.

Giersch ist ein wahres Teufelszeug, das Gärtner nur in Form von Pesto lieben.

Zeigen Sie dem Unkraut die Zähne, zum Beispiel mit einem Löwenzahnsalat.

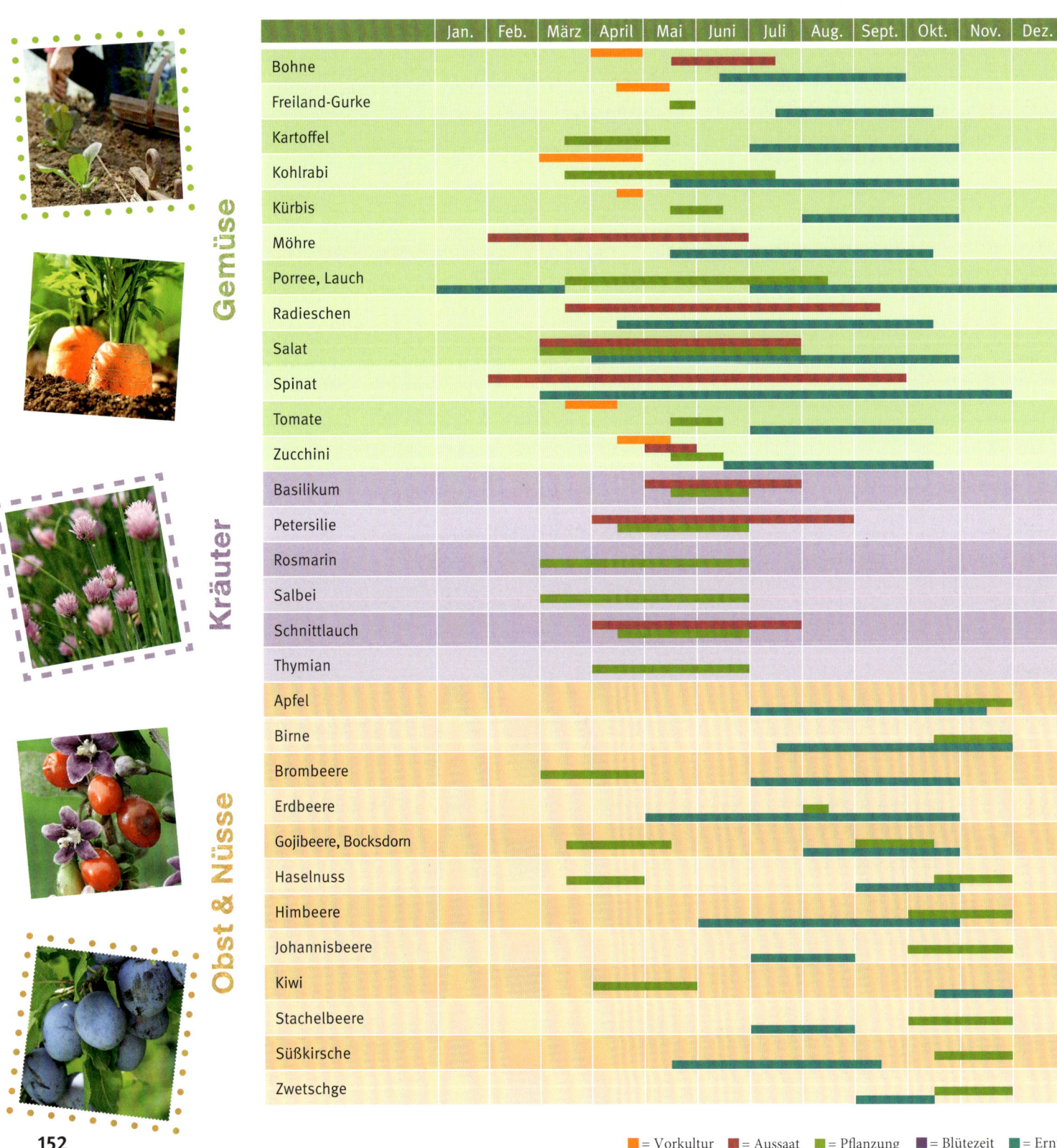

Gemüse

	Jan.	Feb.	März	April	Mai	Juni	Juli	Aug.	Sept.	Okt.	Nov.	Dez.
Bohne				Vorkultur	Aussaat	Aussaat	Ernte	Ernte	Ernte			
Freiland-Gurke				Vorkultur	Vorkultur/Pflanzung		Ernte	Ernte	Ernte			
Kartoffel			Pflanzung	Pflanzung	Pflanzung		Ernte	Ernte	Ernte	Ernte		
Kohlrabi			Vorkultur	Vorkultur/Pflanzung	Ernte	Ernte	Ernte	Ernte	Ernte	Ernte		
Kürbis				Vorkultur	Pflanzung	Pflanzung		Ernte	Ernte	Ernte		
Möhre		Aussaat	Aussaat	Aussaat	Aussaat/Ernte	Ernte	Ernte	Ernte	Ernte	Ernte	Ernte	
Porree, Lauch	Ernte	Ernte	Pflanzung	Pflanzung	Pflanzung		Ernte	Ernte	Ernte	Ernte	Ernte	Ernte
Radieschen			Aussaat	Aussaat/Ernte	Ernte	Ernte	Ernte	Ernte	Ernte			
Salat			Aussaat	Aussaat	Aussaat/Ernte	Ernte	Ernte	Ernte	Ernte	Ernte		
Spinat		Aussaat	Aussaat	Ernte	Ernte	Ernte	Ernte	Ernte	Ernte	Ernte	Ernte	
Tomate				Vorkultur	Pflanzung	Pflanzung	Ernte	Ernte	Ernte	Ernte		
Zucchini				Vorkultur	Vorkultur/Pflanzung	Pflanzung/Ernte	Ernte	Ernte	Ernte	Ernte		

Kräuter

	Jan.	Feb.	März	April	Mai	Juni	Juli	Aug.	Sept.	Okt.	Nov.	Dez.
Basilikum						Aussaat	Aussaat	Aussaat				
Petersilie				Aussaat	Aussaat	Aussaat	Aussaat					
Rosmarin			Pflanzung	Pflanzung	Pflanzung	Pflanzung						
Salbei			Pflanzung	Pflanzung								
Schnittlauch				Aussaat	Aussaat	Aussaat	Aussaat					
Thymian				Pflanzung	Pflanzung							

Obst & Nüsse

	Jan.	Feb.	März	April	Mai	Juni	Juli	Aug.	Sept.	Okt.	Nov.	Dez.
Apfel							Ernte	Ernte	Pflanzung	Pflanzung		
Birne									Pflanzung	Pflanzung	Pflanzung	
Brombeere			Pflanzung					Ernte	Ernte	Ernte		
Erdbeere						Ernte	Ernte	Pflanzung				
Gojibeere, Bocksdorn				Pflanzung	Pflanzung			Ernte	Ernte	Ernte		
Haselnuss			Pflanzung						Ernte	Ernte	Ernte	
Himbeere							Ernte	Ernte	Ernte	Pflanzung		
Johannisbeere										Pflanzung	Pflanzung	
Kiwi				Pflanzung	Pflanzung	Pflanzung						
Stachelbeere							Ernte	Ernte	Ernte	Pflanzung	Pflanzung	
Süßkirsche						Ernte	Ernte		Pflanzung			
Zwetschge										Pflanzung		

Legende: ■ = Vorkultur ■ = Aussaat ■ = Pflanzung ■ = Blütezeit ■ = Ernte

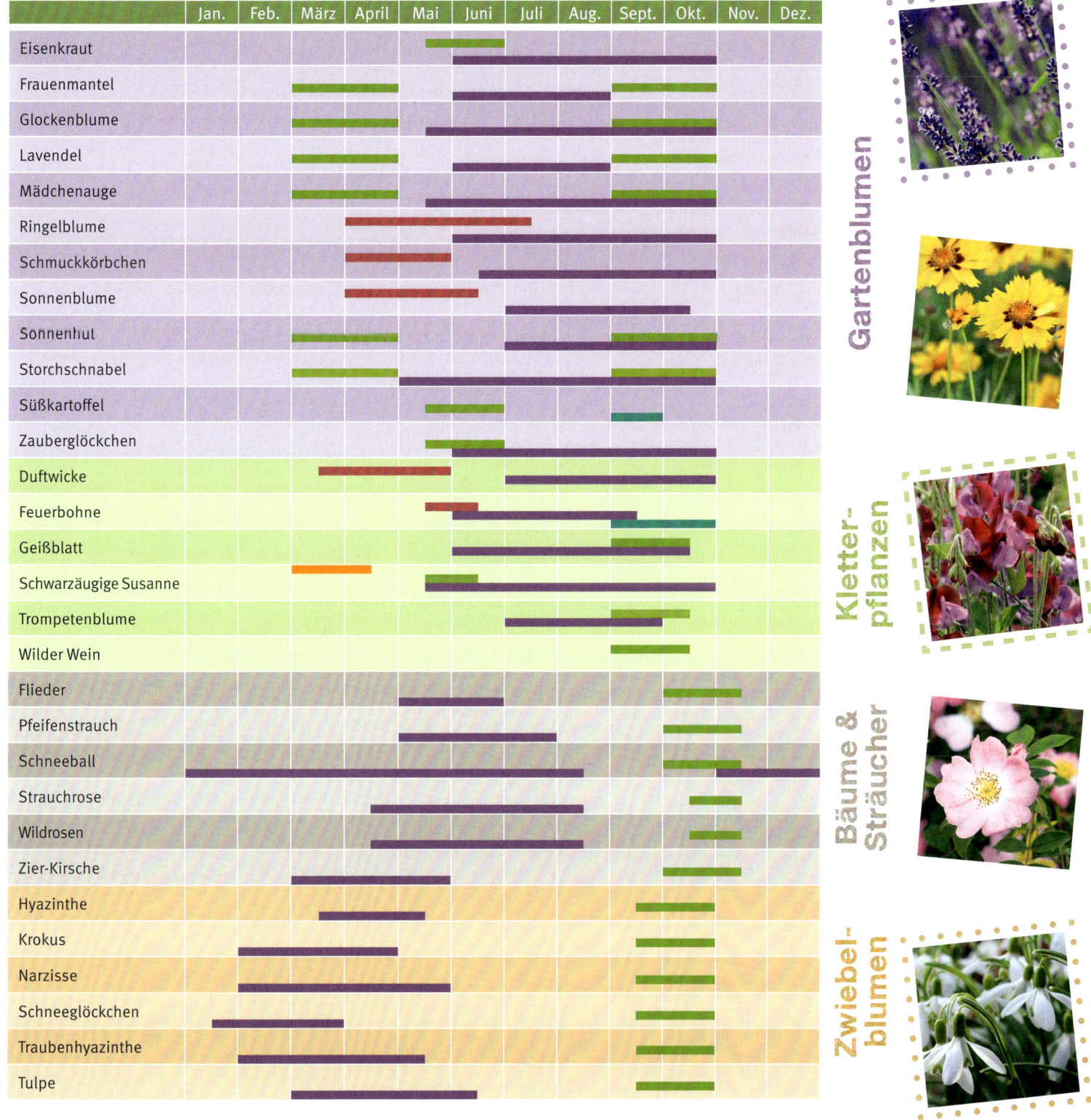

	Jan.	Feb.	März	April	Mai	Juni	Juli	Aug.	Sept.	Okt.	Nov.	Dez.
Gartenblumen												
Eisenkraut						▬	▬	▬	▬	▬		
Frauenmantel			▬	▬		▬	▬	▬	▬	▬		
Glockenblume			▬	▬		▬	▬	▬	▬	▬		
Lavendel			▬	▬			▬	▬	▬	▬		
Mädchenauge			▬	▬		▬	▬	▬	▬	▬		
Ringelblume				▬	▬	▬						
Schmuckkörbchen				▬	▬							
Sonnenblume				▬	▬							
Sonnenhut			▬	▬			▬	▬	▬	▬		
Storchschnabel			▬	▬		▬	▬	▬	▬	▬		
Süßkartoffel					▬	▬			▬			
Zauberglöckchen					▬	▬	▬	▬	▬	▬		
Kletterpflanzen												
Duftwicke				▬	▬		▬	▬	▬	▬		
Feuerbohne					▬	▬		▬	▬			
Geißblatt						▬	▬	▬	▬	▬		
Schwarzäugige Susanne		▬	▬	▬	▬	▬	▬	▬	▬	▬	▬	
Trompetenblume							▬	▬	▬	▬		
Wilder Wein									▬			
Bäume & Sträucher												
Flieder					▬					▬		
Pfeifenstrauch					▬	▬				▬		
Schneeball	▬	▬	▬	▬	▬	▬	▬	▬		▬	▬	▬
Strauchrose				▬	▬	▬	▬	▬				
Wildrosen									▬	▬		
Zier-Kirsche			▬	▬	▬	▬				▬		
Zwiebelblumen												
Hyazinthe				▬	▬				▬			
Krokus			▬	▬					▬	▬		
Narzisse									▬	▬		
Schneeglöckchen		▬	▬	▬					▬	▬		
Traubenhyazinthe			▬	▬	▬	▬			▬	▬		
Tulpe				▬	▬	▬			▬			

Hinweis: Angegeben ist stets der optimale Zeitraum für die Pflanzung.

Adressen und Literatur

Pflanzen und Saatgut

Stauden
www.staudengaissmayer.de
www.stauden-stade.de
www.gluecksgarten.at
www.baldur-garten.at
www.stauden-shop.ch
www.frei-weinlandstauden.ch

Kräuter und Duftpflanzen
www.syringa-pflanzen.de
www.kraeuter-und-duftpflanzen.de

Kübelpflanzen
www.flora-toskana.de
www.floramediterranea.de

Bäume, Sträucher, Naschobst
www.baumschule-horstmann.de
www.eggert-baumschulen.de
www.baumschule-wolf.at
www.haeberli-beeren.ch
(Händlersuche)
www.obstzentrum.de
www.tom-garten.de
www.wundersgartenwelt.de (teils ausgefallene Sorten)

Saatgut, -bänder, -scheiben
www.gartenversandhaus.de
www.sperli-versand.de
www.pflanzenfee.at

www.samen.ch
www.saemereien.ch

Alte Gemüsesorten
www.saatgut-vielfalt.de
www.samenfest.de
www.nutzpflanzenvielfalt.de
www.arche-noah.at
www.prospecierara.ch
www.saemereien.ch

Blumenwiesenmischungen
www.hof-berggarten.de
www.blauetikett.de
www.rieger-hofmann.de

Blumenzwiebeln
www.treppens.de
www.albrechthoch-shop.de
www.bakker.at
www.blumenzwiebeln.net

Nützliches Zubehör

Paper-Potter, Papiertopfpresse aus Holz
www.staudengaerten.de

Drainagekissen
emsa – erhältlich in vielen Gartencentern, Händlersucher unter
www.emsa.com

Kokosquelltöpfe & Co.
www.samenhaus.de

Pflanztaschen, Growing-Bags
www.samentraum.de

Blumentopfbürsten
www.redecker.de

Pflanzunterlage
www.balkonerlebnis.de

Gartenschlauchadapter für Indoor-Wasserhähne:
Gardena – erhältlich in vielen Gartencentern, Händlersucher unter
www.gardena.com

Bewässerungsspikes
www.baldur-garten.de

Aufblasbare Gewächshäuser
www.herbagard.de

Weidenruten
www.re-natur.de (Versand frischer Ruten nur von Januar bis März)

Sichtschutzmatten und -wände aus Naturmaterialien
www.hiss-reet-shop.de
www.weidenprofi.de

Pflücktasche von Planto
Erhältlich im Gartenfachhandel oder z.B. bei www.orangerie-shop.de.

Tomatendach
www.beckmann-kg.de

Hochbeete
www.gartenallerlei.de
www.hoch-beet.at

Nützlinge
www.katzbiotech.de
Bestellkarten auch in vielen Garten-centern erhältlich, Händlersucher unter www.neudorff.de

Gartenbedarf
www.gartenbedarf-versand.de

Links zum Nachschlagen
www.mein-schoener-garten.de
www.lwg.bayern.de
www.was-wir-essen.de
www.bio-gärtner.de

Links zur Unterhaltung
www.gartengnom.net
www.der-kleine-horrorgarten.
blogspot.de

Links zum Aktiv werden
www.greencity.de
www.unserland.info/projekte/
sonnenaecker
www.gartenglueck.info
www.meine-ernte.de
www.oekolandbau.de/erzeuger/
oekonomie/vermarktung/gemuese-
selbsternte
www.prinzessinnengarten.net (Berlin)
www.rosarose-garten.net (Berlin)
www.muenchen.de/Rathaus/plan/
projekte/ grueng/krautgaerten.html
(München)
www.krautgarten-forum.de (München)
www.gartendeck.de (Hamburg)
www.keimzelle.blogsport.eu
(Hamburg)
www.anstiftung-ertomis.de
(deutschlandweit)
www.stiftung-interkultur.de
(deutschlandweit)
www.kleingartenvereine.de
(deutschlandweit)
www.kleingarten-bund.de
(deutschlandweit)
www.vegandthecity.ch
www.urbanfarmers.ch
www.nachbarschaftsgartenmacondo.
blogspot.de
www.gartenpolylog.org

Bücher, die weiterhelfen
Boomgaarden, H./Oftring, B.: Natürlich Heike – So lebe ich mein Gartenjahr. Ulmer Verlag, Stuttgart

Haas, H.: Das große GU Praxishand-buch Pflanzenschnitt. Gräfe und Unzer Verlag, München

Heistinger, A./Arche Noah: Handbuch Bio-Balkongarten. Ulmer Verlag, Stuttgart

Herr, E. : Mein Garten. Gestaltungside-en für jeden Typ. Gräfe und Unzer Verlag, München

Hudak, R./Harazim, H.: Gartenschätze. Küchengarten für Selbstversorger. Gräfe und Unzer Verlag, München

Rasper, M.: Vom Gärtnern in der Stadt – Die neue Landlust zwischen Beton und Asphalt. Oekom Verlag, München

 www.facebook.com/gu.verlag

Register

Halbfett gesetzte Seitenzahlen
verweisen auf Abbildungen.

A

Actinidia spec. 103, **103**
Alchemilla spec. 42, **42**
Allium porrum 79, **79**
– *schoenoprasum* 85, **85**
Amelanchier lamarckii 104, **104**
Apfel 90, 91, 102, **102**
– Ernte 100, 101
– Schnitt 130, 131
Atriplex hortensis 80, **80**
Aussaat 26–29

B

Bakteriose 145
Balkonkasten 34–37
Basilikum 82, 83, 85, **85**
Beeren 86, 87
Bewässerung 12, 13, 68, 69
Bienenfreund 99
Birne 90, 102, **102**
– Ernte 100, 101
– Schnitt 130, 131
Blattläuse 148
Blumenerde 14
Blumenwiese 49
Bocksdorn 88, **88**
Boden 10, 11, 64
Bodenbestimmung 11
Bohne 79, **79**
– Erntezeitpunkt 75
Brassica oleraceae var.
 gongylodes 78, **78**

Brassica rapa 81, **81**
Braunfäule 144, **144**
Brennnesselauszug 71
Brombeere 86, 88, **88**
Buchsbaum 51

C

Calendula officinalis 38, **38**
Calibrachoa spec. 39, **39**
Campanula spec. 42, **42**
Campsis radicans 63, **63**
Chenopodium bonus-henricus 81, **81**
Coreopsis spec. 42, **42**
Cornus mas 104, **104**
Corylus avellana 103, **103**
Cosmos bipinnatus 38, **38**
Crocus spec. 116, **116**
Cucumis sativus 32, **32**
Cucurbita pepo 32, **32**
– spec. 33, **33**
Cydonia oblonga 105, **105**

D

Dahlie 58, **58**
– Winterschutz 119
Daucus carota ssp. *sativus* 33, **33**
Direktsaat 28, 29
Drainage 35, 37
– Blumenzwiebeln 113–115
Duftwicke 62, **62**
Düngen 14, 15, 70, 71

E

Eisenkraut 39, **39**
Entgeizen 72

Erdbeeren 87, 89, **89**
Ernte, Kräuter 83
– Obst 100
Erntezeitpunkt 74, 75, 91
Eruca sativa 80, **80**

F

F1-Saatgut 67
Felsenbirne 104, **104**
Feuerbohne 62, **62**, 73
Fingerprobe 11
Flieder 110, **110**
Flüssigdünger 14, 15, 70
Fragaria spec. 89, **89**
Frauenmantel 42, **42**
Fressfeind 146
Fruchtfolge 73–75, 143
Frühjahrsblüher 59, 112–117
– Schnitt 133

G

Galanthus nivalis 117, **117**
Garten-Melde 80, **80**
Geißblatt 63, **63**
Geiztriebe 72
Gemeinschaftgarten 138, 139
Geranium spec. 43, **43**
Gestaltung 134–137
Giersch 151, **151**
Gießen 64
– Winter 128
Gießzeitpunkt 13
Glockenblume 42, **42**
Gojibeere 88, **88**
Green City 52, 53

Grubber 70
Gründüngung 74, 75, 99
Grünpaten 52, 53
Guerilla-Gardening 52, 53
Gurke 25, 26, 32, **32**, 98
Guter Heinrich 81, **81**

H

Haferwurzel 81, **81**
Haltbarmachen 75
Haselnuss 103, **103**
– Ernte 100, 101
Hecke 50
Helianthus annuus 38, **38**
Himbeere 86, 88, **88**
Hochbeet 76, 77
Hornspäne 14, 70
Hyazinthe 117, **117**
Hyazinthus orientalis 117, **117**

I

Insektenhotel 148
Ipomoea batatas 39, **39**

J

Johannisbeere 89, **89**

K

Kartoffel 79, **79**
– Erntezeitpunkt 74, 75
Kiwi 103, **103**
Klee 44, 45
Kletterpflanzen 62, 63, 65
Knollenpflanzen 58
Kohlrabi 25, 26, 78, **78**
– Erntezeitpunkt 75
Kompost 14, 16, 17
Komposter 16, 17, 70
Komposthaufen 70
Kornelkirsche 104, **104**
Kräuter 82, 83, 142

Krokus 116, **116**
Kürbis 33, **33**
– Pflege 98

L

Lactuca sativa 78, **78**
Langzeitdünger 14, 70
Lathyrus odoratus 62, **62**
Lauch 79, **79**
Lavandula spec. 43, **43**
Lavendel 43, **43**, 83
Lockstofffalle 147
Lonicera spec. 63, **63**
Löwenzahnstecher 150, **150**
Lycium barbarum 88, **88**
– *chinense* 88, **88**
Lycopersicon esculentum 32, **32**

M

Mädchenauge 42, **42**
Mähen 48
Mairübe 81, **81**
Malus domestica 102, **102**
Marienkäfer 146, 148
Maulbeere 105, **105**
Mehltau 144, **144**
Mespilus germanica 105, **105**
Mischkultur 142, 143
Mispel 105, **105**
Mittelzehrer 74, 75, 77
Möhre 33, **33**, 72
– Erntezeitpunkt 75
Morus alba 105, **105**
– *nigra* 105, **105**
Mulch 65
Muscari spec. 117, **117**

N

Narcissus spec. 116, **116**
Narzisse 116, **116**
Nützlinge 148, 149

O

Ocimum basilicum 85, **85**
Ohrwurmglocke 149

P

Paperpots 25
Paprika 25, 26, 98
Parthenocissus spec. 63, **63**
Pastinaca sativa 81, **81**
Pastinake 81, **81**
Petersilie 82, 83, 85, **85**
Petroselinum crispum 85, **85**
– var. *tuberosum* 80, **80**
Pfeifenstrauch 110, **110**
Pflanzen 30, 31
– Gehölze 108, 109
– Zwiebelblumen 114, 115
Pflanzenauszug 71, 145
Pflanzenkauf 41
Pflanzenkrankheiten 144, 145
Pflanzkübel 34–37
Pflanzzeit 30, 58, 59
– Bäume 106, 107
– Sträucher 106, 107
Pflege 64, 65
– Beeren 86
– Obstgehölze 91
Phaseolus coccineus 62, **62**
Phaseolus vulgaris 79, **79**
Pheromone 147
Philadelphus spec. 110, **110**
Pikieren 27
Pilzbefall 145
Porree 79, **79**
Portulaca oleracea var. *sativa* 80, **80**
Portulak 80, **80**
Prunus spec. 110, **110**
– *avium* 102, **102**
– *domestica* ssp. *domestica* 103, **103**
– *spinosa* 104, **104**
Pyrus communis 102, **102**

Q

Quitte 105, **105**

R

Radieschen 28, 33, **33**, 72, 98
– Erntezeitpunkt 75
Raphanus sativus 33, **33**
Rasen 44–49
Rasenmäher 19, 48
Rauke 80, **80**
Ribes rubrum 89, **89**
– *uva-crispa* 89, **89**
Ringelblume 28, 38, **38**, 59
Rosa spec. 111, **111**
Rosen 111, **111**
– Pflanzzeit 107
– Schnitt 132, 133
– Winterschutz 118
Rosmarin 83, 84, **84**
Rosmarinus officinalis 84, **84**
Rubus fruticosus 88, **88**
– *idaeus* 88, **88**
Rudbeckia spec. 43, **43**

S

Säen 26–29
Salat 25, 26, 28, 72, 78, **78**, 98
Salbei 82–84, **84**
Salvia officinalis 84, **84**
Sambucus nigra 105, **105**
Samenechte Sorten 67
Schädlinge 146, 147
Schlehe 104, **104**
Schmuckkörbchen 38, **38**, 59
Schneckenzaun 146, 147, **147**
Schnee 128
Schneeball 111, **111**
Schneeglöckchen 117, **117**
Schnitt 66, 91
– Obstgehölze 130, 131
– Ziergehölze 132, 133

Schnittlauch 26, 82, 83, 85, **85**
Schrebergarten 122, 123
Schwachzehrer 74, 75, 77
Schwarzäugige Susanne 60, 62, **62**
Schwarzer Holunder 105, **105**
Sichtachse 134
Sichtschutz 50, 60, 61
Solanum tuberosum 79, **79**
Sonnenblume 38, **38**
Sonnenhut 43, **43**
Sorbus aucuparia 104, **104**
Spinacea oleracea 78, **78**
Spinat 78, **78**, 99
Spinnmilbe 147
Stachelbeeren 86, 89, **89**
Starkzehrer 74, 75, 77
Stauden 40–43
– Pflege 66
Storchschnabel 43, **43**
Strauchrosen 111, **111**
Stützen 66
Süßkartoffel 39, **39**
Süßkirsche 90, 91, 102, **102**
– Schnitt 130, 131
Syringa spec. 110, **110**

T

Teilen 41
Thunbergia alata 62, **62**
Thymian 82, 84, **84**
Thymus vulgaris 84, **84**
Tomate 25, 26, 32, **32**, 98
– Erntezeitpunkt 74, 75
Tomatenhaus 145
Topfkultur 34–37
Tragopogon porrifolius 81, **81**
Traubenhyazinthe 117, **117**
Trittsteine 137
Trompetenblume 63, **63**
Tropfbewässerung 69

Tulipa spec. 116, **116**
Tulpe 116, **116**

U

Unkraut 64, 150, 151

V

Verbena-Hybriden 39, **39**
Veredelungsstelle 107
Vertikulieren 48
Verziehen 72
Viburnum spec. 111, **111**
Virose 145
Vogelbeere 104, **104**
Vogelfutter 129
Vorkultur 25, 26

W

Wasserschosser 130
Wasserspeicher 68
Weidenzaun 61
Werkzeug 18, 19
Wilder Wein 60, 63, **63**
Wildrosen 111, **111**
Wintergemüse 98
Winterschutz 118, 119
– Kübelpflanzen 120, 121
Wurzelpetersilie 80, **80**

Z

Zauberglöckchen 39, **39**
Zier-Kirsche 110, **110**
Zucchini 32, **32**
– Erntezeitpunkt 75
Zwetschge 103, **103**
– Ernte 100, 101
Zwiebelblumen 112–117